植物由来の
スイーツレシピ

梅原美奈子

はじめに

植物由来のスイーツとの出会いは、2015年から7年間暮らしたオーストラリア・メルボルンで、ヴィーガンカフェのキッチンボランティアをしたことがきっかけでした。初めて口にしたRawケーキやRawチョコレート（非加熱のヴィーガンスイーツ）の鮮烈な美味しさと驚きは、今でも忘れられません。

ちょうどその頃、家族が卵アレルギーを発症したこともあり、ヴィーガンのクッキングクラスで学びながら、メルボルンのカフェを巡ってスイーツを味わい、自分なりに再現を試みました。そして、動物性の食材を使えない方々のお役に立てればと、Instagramでレシピをシェアし始めました。思いがけず多くの反響をいただき、そこからレッスンや雑誌掲載、企業とのコラボレーションへと活動が広がり、美味しくて心躍る植物由来のスイーツをもっと届けたいという思いが強くなりました。

植物由来のスイーツ、特に焼き菓子は、食感や味を動物性原料を使ったものと同じように仕上げるのが難しく、何度も試作を重ねてレシピを完成させています。この本のレシピは、ヴィーガンの方はもちろん、そうでない方にも「美味しい！幸せ！」と思っていただけるよう、心を込めて作りました。

材料が多く感じられるかもしれませんが、手順はとてもシンプルです。材料をそろえ、いつもより少し丁寧に、ゆっくりと作ってみてください。この本を手に取ってくださった皆さまに、私のレシピを通じて少しでも幸せを感じていただけたら、とても嬉しいです。

梅原美奈子

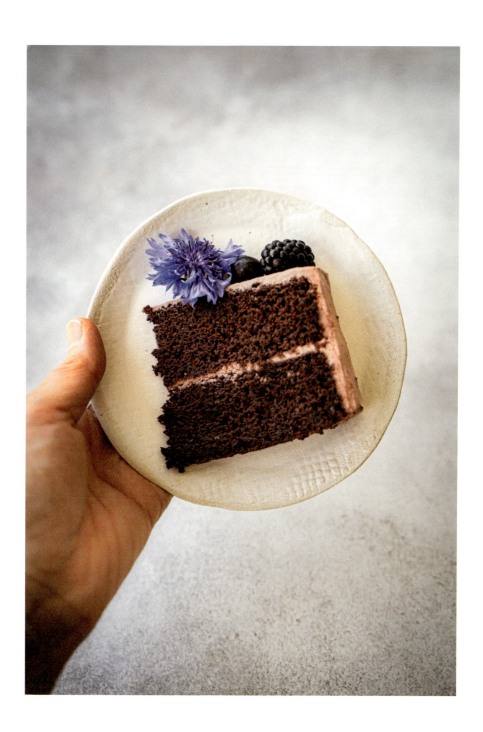

もくじ

はじめに ———————————————————————————— 2

材料について ————————————————————————— 6

道具について ————————————————————————— 10

Part 1
タルト
Tarts

バノフィータルト（バナナキャラメルタルト）——— 14

バナナアーモンドタルト ———————————————— 18

ブルーベリーアーモンドタルト ——————————— 22

抹茶チーズケーキタルト ———————————————— 26

オレンジチョコレートタルト ————————————— 30

ミニレモンタルト ——————————————————————— 32

Part 2
おもてなし
Scrumptious crowd pleasers

レモンレイヤーケーキ ————————————————— 36

チョコレートレイヤーケーキ ————————————— 40

レモンマドレーヌ ——————————————————————— 42

キャロットケーキ ——————————————————————— 44

ストロベリーシートケーキ ——————————————— 48

アールグレイバナナクグロフケーキ ——————— 50

Part 3
冷たいスイーツ
Chilled delicacies

キャラメルココナッツアイスバー ——————————— 54

ダブルチョコレートバナナアイスバー ——————— 56

No-Bake スイートポテトチョコレートファッジ— 58

ラミントンブリスボール ———————————————— 60

ストロベリーチーズケーキスクエア ——————— 62

プリン ——————————————————————————————— 64

Part 4

軽食にもなる
スイーツ
Treats for a light meal

ひよこ豆粉クレープ——————— 68
焼きリンゴ／オーツクッキークランブル添え—— 70
ひよこ豆粉ワッフル——————— 72
No-Bake グラノーラ——————— 73
ブルーベリードロップスコーン——— 74
パンプキンスコーン——————— 76

Part 5

クッキー
Cookies

黒ごまクッキー———————— 80
抹茶白ごまクッキー—————— 82
薄焼きオーツ入りクッキー———— 84
アクアファバメレンゲクッキー——— 86
ミニパブロバ————————— 88
ピーナッツバタークッキー———— 90
リンザークッキー———————— 92

Part 6

クリームなど
彩りの一品たち
Creams and
assorted goodies

ラズベリーチアジャム—————— 96
ヴィーガンキャラメル 2 種
（ココナッツ＆デーツ）——————— 98
ココナッツホイップクリーム 2 種
（プレーン＆チョコレート）—————— 100
豆腐ココナッツホイップクリーム——— 102
レモンカシュークリーム————— 104
レモンカード（カスタードクリーム）—— 106
チョコレート————————— 108

メレンゲ実験————————————— 94
植物由来のスイーツ Q&A————————— 110

材料について

美味しいお菓子を作るために、私が愛用している材料を紹介します。
材料選びの参考にしてください。

Ⓐ 重曹

弱アルカリ性のため、酢やレモンなどの酸性の材料と反応し、二酸化炭素を発生させることで、軽やかな食感を生み出します。特に焼き菓子では、ふわっとした仕上がりを実現するために欠かせない材料です。また、焼き色をつけるためにも効果的です。レシピに重曹が記載されている場合、ベーキングパウダーに置き換えると、味や食感、焼き色が変わるため、必ずレシピの指示に従って使用してください。

Ⓑ アルミニウムフリーベーキングパウダー

焼き上がったときに金属的な味が残りません。また、自然な色合いを保つことができるためおすすめです。

本書では、Ⓒの3種類のスターチをレシピに応じて使い分けています。

Ⓒⓐ コーンスターチ

細かく軽いテクスチャーを持ち、ケーキをふわっと軽やかに、クッキーをサクサクに仕上げるために使用します。

Ⓒⓑ 片栗粉

適度な粘りを加え、もっちりしすぎないため、他の粉と混ぜてグルテンフリーケーキに使います。また、クッキーやタルト生地など、軽やかさを求めるレシピにも向いています。

Ⓒⓒ タピオカ粉

生地にもちもちとした食感を与え、自然な甘みが加わります。本書ではクレープに使用しています。

Ⓓ アーモンドパウダー

ナッツの豊かな風味や脂肪分が焼き菓子の味わいと食感を良くします。本書では皮なしの製品を使用しています。

Ⓔ ロールドオーツ

グラノーラやクッキーなどに加えることで、自然な風味と香ばしさをプラスしてくれます。また、粉砕してオートミール粉にすれば、生地に混ぜ込むことができます。ロールドオーツ自体はグルテンフリーですが、製造過程で小麦などのグルテンを含む穀物と交差汚染される可能性があります。グルテンに敏感な方やセリアック病の方は、「グルテンフリー」と明記された製品を使用することをおすすめします。

Ⓕ ひよこ豆粉

日本では「ベサン粉」として販売されることもあります。焼き菓子に使用すると食感が良く、小麦粉の代用品として活用できます。ただし、特有の豆の風味があるため、気になる場合は他の粉とブレンドして風味を調整すると良いでしょう。

G 製菓用米粉

膨らみや食感が変わってきますので必ず粒子が細かい製菓用の米粉をお使いください。
cotta ミズホチカラ

H 玄米粉

日本国外にお住まいで日本の製菓用米粉が手に入らない場合の代用品です。タルトやクッキーのレシピにお使いください。
Arrowhead Mills, Organic Brown Rice Flour

I グルテンフリーブレンド粉

日本国外にお住まいで日本の製菓用米粉が手に入らない場合の代用品です。ケーキのレシピにお使いください。
Bob's Red Mill, Gluten Free 1 to 1 Baking Flour

J ココナッツシュガー

キャラメルのような深みのある風味を持ち、ヴィーガンキャラメルの素材として最適です。また、豊かなコクとしっとりした焼き上がりをもたらすため、焼き菓子に向いています。ただし、粉末甜菜糖よりも膨らみが悪くなるため、軽やかな食感を求めるレシピには適していません。また、薄い色味やレモンケーキのような繊細な風味のお菓子には、色と風味を損ねるため不向きです。

K メープルシロップ

自然な甘みと深みのあるコクが特徴で、お菓子に豊かな風味を添えてくれます。また、クッキーやタルトクラストに使用することで卵の代わりに生地に適度な粘度を持たせ、扱いやすく、さくっとした食感に仕上げる役割も果たします。

L 粉末甜菜糖

白砂糖よりもまろやかで優しい甘さが特徴で、後味が軽く、自然な風味が引き立ちます。粉末状なので生地に溶け込みやすく、ケーキの食感をなめらかに調え、ふんわりと膨らませる効果もあります。また、グルテンフリーの粉と組み合わせると、自然な焼き色に仕上がります。

材料について

M 粉末寒天パウダー
ふやかさずに使用できるので、粉末タイプがおすすめです。
伊那食品工業 かんてんクック（粉末寒天）

N アガーパウダー
海外で販売されている粉末寒天100%パウダー。日本のアガーパウダーとは異なりますのでご注意ください。
Foods Alive, Vegan Agar Powder

O 生カシューナッツ
塩や油などで調理されておらず、浸水させることでやわらかくなります。本書では焼かないケーキのフィリングに使用しています。クリーミーでリッチな食感を持ち、他の材料とブレンドすることで、滑らかなクリームやトッピングとしても楽しむことができます。

P マジョールデーツ
大粒でやわらかく、濃厚な甘みが特徴のデーツです。キャラメルのような風味を持ち、味に深みを加えることができます。また食物繊維や栄養素が豊富で、エネルギー源としても優れています。

Q 無糖豆乳ヨーグルト
本書では卵の代用品として使用します。他の植物性ヨーグルト、牛乳を使ったヨーグルトでも代用できます。

R ココナッツミルク（またはココナッツクリーム）
本書では、そのまま使用するほか、冷蔵庫で冷やして水分と分離させ、クリーム部分だけを使うレシピも紹介しています。商品によっては冷やしても分離しない場合があるため、一度冷やして確認することをおすすめします。

S バニラエクストラクト
植物由来の素材特有の風味を和らげ、まろやかな味わいに調えます。また、単調な風味になりがちな焼き菓子に自然な甘さと香りを引き出して、全体を調和のとれた仕上がりにします。

T ホワイトチアシード
栄養価が高く、オメガ3脂肪酸や食物繊維を豊富に含むチアシードは、液体と混ぜるととろみが出る特性があります。この特性を活かし、本書では果物と合わせたジャムや、水と混ぜて卵の代わりに使用
する焼き菓子のレシピを紹介しています。素材の色を生かしたい場合はホワイトチアシードがおすすめですが、卵の代用にはブラックチアシードでも問題ありません。

Ⓤ Rawカカオパウダー

Rawカカオパウダーは非加熱で製造されるため、栄養が損なわれにくく、抗酸化物質やミネラルが多く含まれています。このため、生チョコや焼かないチョコレートケーキ、冷たいシェイクなど、非加熱レシピに最適です。

Ⓥ ココアパウダー

チョコレート風味を出すために使用します。加熱しないレシピでは、Rawカカオパウダーと比べると若干の苦みが感じられるため、風味を損なわないように、量を調整しながら使用することが大切です。

Ⓦ ⓐ REFINED（精製）ココナッツオイル（海外で購入できる）

Spectrum Culinary, Organic Coconut Oil, Refined

Ⓦ ⓑ 無臭ココナッツオイル（日本で購入できる）

ココウェル　香りのない有機ココナッツオイル

ⓐⓑどちらも熱に強い精製ココナッツオイルで、香りが控えめまたは無臭なので加熱・非加熱レシピのどちらにも使いやすく、本書ではこのタイプを幅広く使用しています。ココナッツオイルの風味を楽しみたい場合は、加熱しないレシピでエクストラバージンココナッツオイルをお試しください。

＊ココナッツオイルはクッキーやスコーンをサクサクに仕上げ、リッチな風味を加えるため、指定がある場合は他の油では代用できません。また、25℃前後で固まる性質を活かし、冷やして固めるケーキやクリームの材料としても最適です。使用する前に固まっている場合は、容器ごとお湯に入れて溶かしてください。

Ⓧ オリーブオイル

タルトクラストをサクサクに仕上げるため、本書のタルトクラストレシピに使用しています。指定がある場合は、他の油では代用できません。レシピに特定のオイル（ココナッツオイル、オリーブオイル）の指定がない場合は、米油やグレープシードオイルなど、クセのないお好みの油をお使いください。

道具について

お菓子作りを楽しむうえで欠かせない、私が愛用している道具をご紹介します。日々の作業をより快適にしてくれる頼れるアイテムです。

❶ ボウル

ガラス製でも金属製でも良い。ただし、チョコレートや甜菜糖を湯煎するときは熱伝導率の高い金属製がおすすめです。

❷ デジタルスケール

味や仕上がりに影響するので、0.1g単位で計測できるデジタルスケールを使いましょう。

❸ ふるい

❹ ハンドミキサー

❺ 計量スプーン

大さじ、小さじ、1/2、1/4、1/8まであると便利です。

❻ 泡立て器（大小）

❼ スパチュラ（大小）

柄まで一体化したシリコン製タイプがおすすめです。

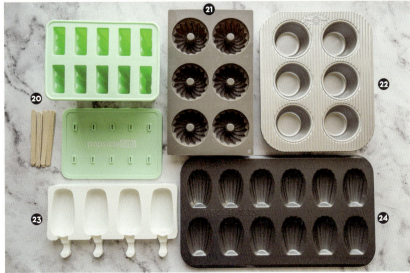

❽ タルト型
直径20×高さ2.5cmの底取れタイプ

❾ 丸型
直径15×高さ6cmの底取れタイプ

❿ バット
20.5×16×高さ3cm
キャビネ、野田琺瑯

⓫ スクエア型
18×18×高さ4cmの底取れタイプ

⓬ ガラス瓶
直径7×高さ7.2cm（120ml） Weck

⓭ セルクル
直径7.5×高さ3cm

⓮ 花型カッター
直径4.5cm

⓯ ハート型カッター
幅1.8cm

⓰ 6cmタルトリング
直径6×高さ2cm　馬嶋屋菓子道具店

⓱ 16cmタルトリング
直径16×高さ2cm

⓲ 長方形タルト型
10×25×高さ2.5cmの底取れタイプ

⓳ パウンド型
16×7（底部）×高さ6cm

⓴ シリコンアイス型
5×2×高さ9.5cm×10個

㉑ シリコンクグロフ型
直径7.5×高さ4cm×6個 cotta

㉒ マフィン型
直径5（底部）×高さ3.5cm×6個
USA PAN

㉓ シリコンアイス型
9.5×5cm×4個

㉔ マドレーヌ型
8×5cm×12個

道具について

㉕ フードプロセッサー

タルトクラストを作る際に材料を粉砕したり、カシュークリームやデーツキャラメルなどを作る際の撹拌に使用します。
KitchenAid 3.5 カップ

㉖ ミル

チアシードやロールドオーツを粉砕するのに使用します。

㉗ スライサー

人参を細くスライスするのに使用します。
ベンリナー

㉘ ゼスターグレーター

レモンやオレンジの皮を削るのに使用します。
Microplane

㉙ 高速ブレンダー

カシューナッツ入りのケーキフィリングを作るのに最適です。滑らかでクリーミーな仕上がりになります。
Vitamix

㉚ 天板

㉛ シルパン

タルトやクッキーをサクサクに焼き上げるのに最適です。

㉜ クッキー（アイスクリーム）スクープ（45ml）

ドロップスコーンやワッフル、クレープの生地を均等に計量できて便利です。

㉝ 網

焼き上がったケーキやクッキーを冷ますのに便利です。

㉞ オーブンシート

㉟ めん棒

タルト生地やスコーン生地をのばす際に使用します。厚みを調整できるリング付きならより便利です。

Part 1
Tarts
タルト

Banoffee Tart (Banana Caramel Tart)

バノフィータルト（バナナキャラメルタルト）

サクサクとしたクラストに、ヘルシーなデーツキャラメルと
スライスしたバナナを重ね、ココナッツホイップクリームをたっぷり乗せました。
濃厚でクリーミーな味わいが楽しめます。

材料 20cm タルト型 or 6cm タルトリング 10個

[タルト生地]

A　アーモンドパウダー……120g
　　片栗粉……40g
　　製菓用米粉*……20g
　　塩……ひとつまみ

B　メープルシロップ……45g
　　オリーブオイル**……20g

[フィリング]

バナナ……3本（6cmタルトリングの場合は1〜1.5本）
デーツキャラメル（P.98）……適量
プレーンホイップクリーム（P.100）……適量
削ったダークチョコレート……適量
レモン果汁（バナナの変色どめ）……適量

*日本国外にお住まいで、日本の製菓用米粉が手に入らない場合の代用品：
Arrowhead Mills, Organic Brown Rice Flour
**オリーブオイルはクラストをサクサクにするため、他の植物油では代用できません。

1 ボウルにAを入れて混ぜる。

2 Bを加え、スパチュラで押しつけるように混ぜて液体材料を吸収させた後、手で滑らかになるまで捏ね、ひとまとまりにする。

3 オーブンシートを敷いた上にまとめた生地を置き、その上にラップをかぶせて薄くのばしていく。

バノフィータルト（バナナキャラメルタルト）

4 型よりひとまわり大きな円形になるまでのばす。

5 ラップを外し、底板を取り外したタルト型を生地の上に伏せて乗せる（6cmタルトリング使用の場合は、P.24 ブルーベリーアーモンドタルト手順4〜6参照）。

6 オーブンシートの下に片手を入れ、もう片方の手でタルト型の底面を押さえてひっくり返す。

7 そのままシルパンの上に置く。

8 生地を底の端まできっちり敷き込む（グルテンフリー生地なので破れやすいが、破れた部分は指で押さえてくっつける）。

9 側面もしっかり指で押し込み、はみ出た部分はナイフでカットして整える。

10 170℃に予熱しておいたオーブンで16〜18分（6cmタルトリングも同様）焼き色がつくまで焼いたら、オーブンから出して完全に冷ます。

11 P.98のデーツキャラメルを作り、タルト生地の中に平らに入れる（キャラメルが作りたてでやわらかすぎる場合は1時間ほど冷蔵する）。

12 バナナをスライスしてキャラメルの上に配置する。

13 変色しないようにレモン果汁を塗る（6cmタルトリング使用の場合は、バナナを小さな角切りにし、レモン汁で和えると良い）。

14 P.100のプレーンホイップクリームを作り、バナナの上に乗せる。削ったチョコレートを散らして1時間以上冷蔵庫で冷やす。

Point

- 生地が破れやすい場合は、滑らかになるまで何度か捏ね直してからめん棒でのばすと、扱いやすくなります。
- このクラストのレシピはアーモンドクリームを入れて焼くタイプのタルト生地とは違うレシピになりますのでご注意ください。
- 余ったタルト生地はクッキー生地としてもご活用いただけます。4〜6mm厚さにのばして型で抜き、170℃のオーブンで表面に軽く焼き色がつくまで焼いてください。甘さ控えめなので、溶かしたチョコレートにディップしても美味しく召し上がれます。

Banana Almond Tart
バナナアーモンドタルト

サクサクとしたアーモンドベースのクラストに
しっとりとしたバナナアーモンドクリームをたっぷり詰めました。
時間が経つほどに味がなじみ、翌日にはさらに美味しさが引き立ちます。
手軽に作れるのに、本格的な味わいが楽しめる、みんなに喜ばれる贅沢なタルトです。

材料 16cm タルトリング or 6cm タルトリング8個

[タルト生地]

A
- アーモンドパウダー……90g
- 片栗粉……30g
- 製菓用米粉*……15g
- 塩……ひとつまみ

B
- メープルシロップ……30g
- オリーブオイル**……25g

[バナナアーモンドクリーム]

C
- アーモンドパウダー……55g
- 粉末甜菜糖……30g
- 片栗粉……10g
- ベーキングパウダー……小さじ1/2

D
- バナナ（フォークなどでつぶす）……70g
- 植物油……20g
- 豆乳、オーツミルクなど植物性ミルク……10g
- レモン果汁……小さじ2
- バニラエクストラクト……小さじ1

[仕上げ]
- プレーンホイップクリーム（P.100）……適量
- 削ったダークチョコレート（オプション）……適量

*日本国外にお住まいで、日本の製菓用米粉が手に入らない場合の代用品：
Arrowhead Mills, Organic Brown Rice Flour
**オリーブオイルはクラストをサクサクにするため、他の植物油では代用できません。

1 ボウルに**A**を入れて混ぜる。

2 **B**を加え、スパチュラで押しつけるように混ぜて液体材料を吸収させた後、手で滑らかになるまで捏ね、ひとまとまりにする。

3 オーブンシートの上にまとめた生地を置き、その上にラップをかぶせて4mm厚さの円形にのばす。

バナナアーモンドタルト

4 ラップを外し、タルトリングを生地の上に乗せる（6cmタルトリング使用の場合は、P.24 ブルーベリーアーモンドタルト手順4〜6参照）。

5 オーブンシートの下に片手を入れ、もう片方の手でタルトリングの上を押さえてひっくり返す。

6 そのままシルパンの上に置く。

7 生地を底の端まできっちり敷き込む（グルテンフリー生地なので破れやすいが、破れた部分は指で押さえてくっつける）。

8 側面もしっかり指で押し込み、はみ出た部分はナイフでカットして整える。

9 170℃に予熱しておいたオーブンで12〜13分、うっすらふちに色がつくまで焼く（6cmタルトリングも同様）。オーブンから出して完全に冷ます。

10 バナナアーモンドクリームを作る。ボウルにCを入れて混ぜる。

11 Dをすべて加えてよく混ぜる。

12 冷ましたタルト生地に11を均等に入れ表面をならしたら、165℃に予熱しておいたオーブンで35分（6cmタルトリングは170℃で25分）表面にしっかり焼き目がつくまで焼く。

13 完全に冷めたらP.100のプレーンホイップクリームでデコレーションし、削ったチョコレートを散らす。冷蔵庫で1時間以上冷やす。

Point

- 生地が破れやすい場合は、滑らかになるまで何度か捏ね直してからめん棒でのばすと、扱いやすくなります。
- 冷やすと味がなじんでさらに美味しくなります。前日に作って冷蔵し、当日にデコレーションしてから再度冷やすのもおすすめです。
- 余ったタルト生地はクッキー生地としてもご活用いただけます。4～6mm厚さにのばして型で抜き、170℃のオーブンで表面に軽く焼き色がつくまで焼いてください。甘さ控えめなので、溶かしたチョコレートにディップしても美味しく召し上がれます。

Blueberry Almond Tart

ブルーベリーアーモンドタルト

アーモンドクリームの豊かな風味とブルーベリーの甘酸っぱい味わいが調和した一品です。
シンプルでありながら奥深い味わいで、何度も繰り返し作りたくなるタルトです。

材料 6cm タルトリング8個 or 16cm タルトリング

[タルト生地]

A アーモンドパウダー……90g
　片栗粉……30g
　製菓用米粉*……15g
　塩……ひとつまみ

B メープルシロップ……30g
　オリーブオイル**……25g

[アーモンドクリーム]

C アーモンドパウダー……55g
　粉末甜菜糖……30g
　片栗粉……10g
　ベーキングパウダー……小さじ1/4

D 植物油……20g
　豆乳,オーツミルクなど植物性ミルク……10g
　レモン果汁……小さじ2
　バニラエクストラクト……小さじ1

小さなブルーベリー（冷凍でも可）……16〜24個
アーモンドスライス……約15g

* 日本国外にお住まいで、日本の製菓用米粉が手に入らない場合の代用品：
Arrowhead Mills, Organic Brown Rice Flour
** オリーブオイルはクラストをサクサクにするため、他の植物油では代用できません。

1　ボウルにAを入れて混ぜる。

2　Bを加え、スパチュラで押しつけるように混ぜて液体材料を吸収させた後、手で滑らかになるまで捏ね、ひとまとまりにする。

ブルーベリーアーモンドタルト

3 オーブンシートの上にまとめた生地を置き、その上にラップをかぶせて4mm厚さにのばす。

4 7.5cmの円形にセルクルで切り抜く（16cmタルトリング使用の場合は、P.20 バナナアーモンドタルト手順4〜9参照）。

5 6cmのタルトリングをシルパンの上に間隔をあけて置き、4で抜いた生地を底の端まできっちり敷き込む。

6 側面もしっかり指で押し、型に密着させる。170℃に予熱しておいたオーブンで12〜13分、ふちに軽く焼き色がつくまで焼く（16cmタルトリングも同様）。オーブンから出して完全に冷ます。

7 アーモンドクリームを作る。ボウルにCを入れて混ぜる。

8 Dをすべて加えてよく混ぜる。

9 冷ましたタルト生地に8を均等に入れ、表面をならす。

10 ブルーベリーを2〜3個ずつ埋め込み、アーモンドを散らしたら、170℃に予熱したオーブンで焼き色がつくまで約25分焼く（16cmタルトリングは165℃で35〜40分）。

11 天板に乗せたまま完全に冷ます。

Point

- 生地が破れやすい場合は、滑らかになるまで何度か捏ね直してからめん棒でのばすと、扱いやすくなります。
- 型抜きした後は、オーブンシートの下に片手を入れて持ち上げ、もう一方の手で型抜きした生地を優しくはがすようにすると、生地が破れにくくなります。
- 小さなブルーベリーなら各3個、大きなブルーベリーなら各2個が適量です。ブルーベリーが多すぎると水分が出すぎてアーモンドクリームが溢れたり、焼き色がきれいにつかなくなるので、入れすぎないように注意しましょう。
- 当日はサクサク、翌日はしっとり味がなじみ、違う美味しさです。食べ比べてみてください。当日召し上がらない分は冷蔵保存をおすすめします。
- 余ったタルト生地はクッキー生地としてもご活用いただけます。4〜6mm厚さにのばして型で抜き、170℃のオーブンで表面に軽く焼き色がつくまで焼いてください。甘さ控えめなので、溶かしたチョコレートにディップしても美味しく召し上がれます。

Matcha Cheesecake Tart

抹茶チーズケーキタルト

ザクザクとしたクラストにほどよい酸味がアクセントの抹茶フィリングを合わせました。
フィリングは材料を混ぜて冷やすだけで簡単に作れるので、気軽に楽しめます。
抹茶の豊かな香りと滑らかな食感が魅力のタルトです。

材料 10×25×高さ2.5cm長方形タルト型（底取れタイプ）

[**クラスト**]

A　ロールドオーツ＊……45g
　　生アーモンド＊……40g
　　粉末甜菜糖 or ココナッツシュガー……30g
　　ココアパウダー（プレーンにしたい場合は除く）……5g
　　塩……ひとつまみ

無臭（精製）ココナッツオイル＊＊（かたい場合は溶かす）……30g

[**抹茶フィリング**]

生カシューナッツ（3~5時間浸水し、軽く水洗いして水気を切る）……100g
ココナッツクリーム or ココナッツミルク（かたい場合は缶ごと温めて溶かす）……100g
溶かした無臭（精製）ココナッツオイル＊＊……大さじ3
メープルシロップ or お好みの液体甘味料……大さじ3~4
レモン果汁……大さじ3
抹茶パウダー……小さじ2
レモンゼスト……小さじ1/2

[**仕上げ**]

ブルーベリーなどお好みの果物……適量
抹茶ホイップクリーム（P.100）……適量
ココナッツシュレッド……適量

＊オーツ粉、アーモンドパウダーを使用するとクラストがもろくなり、食感も悪くなるので
代用できません。
＊＊ココナッツオイルは、溶かしたカカオバターで代用できます。

抹茶チーズケーキタルト

1 Aをすべてフードプロセッサーに入れ、粉状になるまで粉砕する。ココナッツオイルを加え、湿った砂のような状態になるまで混ぜる。パラパラしてまとめにくい場合はココナッツオイルを小さじ1ずつ加える。

2 混ぜた生地をタルト型の側面と底にしっかりと押しつけていく。まず側面に生地を押しつける。

3 次に、バターナイフを垂直に立てて側面に沿って動かし余分な生地を底に落とす。

4 最後に残った生地をスパチュラで底に平らに敷き、均等に仕上げる。

5 170℃に予熱しておいたオーブンで20分焼く。角や側面をきれいに仕上げたい場合は、やけどに注意しながら、クラストが熱くやわらかいうちにバターナイフで膨らんだ部分を削ぎ落とし、形を整える。削ぎ落とした部分は、なじむように平らにしておく。

6 型のまま完全に冷ます（焼きたてはやわらかいが、冷やすと生地はかたくなる）。すぐにフィリングを入れない場合は冷凍保存する。

7 抹茶フィリングを作る。レモンの表面の黄色い部分を、ゼスターグレーターかおろし金で削る。抹茶フィリングの材料をすべて高速ブレンダーに入れ、滑らかになるまで混ぜる。味を確認し、甘みと酸味を調整する。フィリングをクラストの上に均等に広げ、冷凍庫で4時間以上または完全に固まるまで冷やす。

8 冷凍庫から取り出し、5〜10分常温で放置する。底をゆっくり押し上げて型から外す。お好みで抹茶ホイップクリーム（P.100）、果物などを飾り、ナイフが入るやわらかさになったら温めたナイフでカットする。

Point
● 冷凍〜半解凍で食べるのがおすすめ。小さくカットして冷凍保存すると、食べたいときに取り出して、そのままでも、数分おいて半解凍でも美味しく楽しめます。

Orange Chocolate Tart
オレンジチョコレートタルト

オーツとアーモンドをベースにした香ばしいクラストに
相性抜群のオレンジとチョコレートのフィリングを合わせたタルトです。
冷凍保存もできるので、作り置きしておけばいつでも贅沢なデザートタイムを楽しめます。

材料 10×25×高さ2.5cm長方形タルト型（底取れタイプ）

[クラスト]

A　ロールドオーツ*……45g
　　生アーモンド*……40g
　　粉末甜菜糖orココナッツシュガー……30g
　　塩……ひとつまみ

無臭（精製）ココナッツオイル**（かたい場合は溶かす）……30g

[チョコレートフィリング]

生カシューナッツ（3～5時間浸水し、軽く水洗いして水気を切る）
　……100g
ココナッツクリーム or ココナッツミルク
　（かたい場合は缶ごと温めて溶かす）……60g
オレンジ果汁……60g
オレンジゼスト……小さじ1 + 1/2
溶かした無臭（精製）ココナッツオイル**……大さじ3
メープルシロップorお好みの液体甘味料……大さじ3～4
Rawカカオパウダー or 無糖ココアパウダー……大さじ2
塩……ひとつまみ

[仕上げ]

ドライオレンジ……適量
砕いたピスタチオ……適量

*オーツ粉、アーモンドパウダーを使用するとクラストがもろくなり、食感も悪くなるので代用できません。
**ココナッツオイルは、溶かしたカカオバターで代用できます。

1　抹茶チーズケーキタルトの生地（P.28）と同様にしてクラストを焼く。

2　オレンジの表面のオレンジ色の部分を、ゼスターグレーターかおろし金で削る。

3　チョコレートフィリングの材料をすべて高速ブレンダーに入れ、滑らかになるまで混ぜる。味を確認し、メープルシロップとココアパウダーの量を調整する。

4　フィリングをクラストの上に均等に広げ **a**、冷凍庫で4時間以上または完全に固まるまで冷やす。

5　冷凍庫から取り出し、5～10分常温で放置する。底をゆっくり押し上げて型から外す。お好みで果物、ナッツなどを飾り、ナイフが入るやわらかさになったら温めたナイフでカットする。

Point
● 冷凍～半解凍で食べるのがおすすめ。小さくカットして冷凍保存すると、食べたいときに取り出して、そのままでも、数分おいて半解凍でも美味しく楽しめます。

Mini Lemon Tart

ミニレモンタルト

甘みと酸味のバランスが良く、レモンカードとサクサクのクラストの組み合わせが
美味しいタルトです。レシピではマフィン型を使用していますが
セルクルやミニタルト型でも作ることができます。

材料　6個分のマフィン型 or 6cm タルトリング7個

[クラスト]

A　アーモンドパウダー……90g
　　片栗粉……30g
　　製菓用米粉*……15g
　　塩……ひとつまみ

B　メープルシロップ……35g
　　オリーブオイル**……15g

レモンカード（P.106）……適量

[仕上げ]

お好みのハーブ（タイム、ミントなど）……適量
ブルーベリーなどお好みの果物……適量
メレンゲクッキー（P.86）……適量

* 日本国外にお住まいで、日本の製菓用米粉が手に入らない場合の代用品：
Arrowhead Mills, Organic Brown Rice Flour

** オリーブオイルはクラストをサクサクにするため、他の植物油では代用できません。

1 ボウルにAを入れて混ぜる。

2 Bを加え、スパチュラで押しつけるように混ぜて液体材料を吸収させた後、手で滑らかになるまで捏ね、ひとまとまりにする。

3 オーブンシートの上にまとめた生地を置き、その上にラップをかぶせて4mm厚さにのばす。

4 7.5cmの円形（マフィン型底の直径+2.5cm）に型抜きする。6枚切り抜くまで繰り返す（6cmタルトリング使用の場合はP.24ブルーベリーアーモンドタルト手順4〜6参照）。

ミニレモンタルト

5 軽く油（分量外）を塗ったマフィン型に、切り抜いた円形の生地を入れ、ふちを両手の指でそっと押して空気を抜きながら底までおろす。底を指で押しながら空気を抜き、再度ふちを指で押して厚みを薄くしながら形を整える（生地が破れたら指で押して修復する）。

6 底をフォークでピケする。

7 170℃に予熱しておいたオーブンで13〜15分（6cmタルトリングは16〜18分）、全体的に焼き色がつくまで焼く。焼き時間は生地の厚さやマフィン型の材質により異なる場合があるため、焦がさないように注意する。完全に冷めたら型から取り出す。

8 レモンカード（P.106）を作り、温かいうちにクラストの上に注ぐ。粗熱がとれたら冷蔵庫で1時間ほど冷やす。お好みで、サーブする直前にハーブやメレンゲクッキー（P.86）を飾る。

Point

- 生地が破れやすい場合は、滑らかになるまで何度か捏ね直してからめん棒でのばすと、扱いやすくなります。
- グルテンフリーの生地は破れやすいため、最初から薄くのばして型抜きすると型に敷くのが難しいです。4mm厚さで型抜きし、型に入れた後に手で少し薄くなるように（約3mm厚さ）のばすと、型に敷きやすく食感も良くなります。
- このクラストのレシピはアーモンドクリームを入れて焼くタイプのタルト生地とは違うレシピになりますのでご注意ください。
- クラストとレモンカードは事前に準備しておけます。当日は、レモンカードを温めるか、泡立て器で滑らかになるまで混ぜてから注ぎ、冷蔵庫で1時間以上冷やしてください。食感を楽しむため、当日にお召し上がりいただくことをおすすめします。
- 余ったタルト生地はクッキー生地としてもご活用いただけます。4〜6mm厚さにのばして型で抜き、170℃のオーブンで表面に軽く焼き色がつくまで焼いてください。甘さ控えめなので、溶かしたチョコレートにディップしても美味しく召し上がれます。

Part 2

Scrumptious crowd pleasers

おもてなし

レモンレイヤーケーキ
Lemon Layer Cake

レモンがたっぷりと香る、ふんわりとしたスポンジが特徴のケーキです。
植物油を使用することで軽やかな口当たりに仕上がり、ココナッツホイップクリームとの組み合わせが、爽やかな甘さと豊かな風味を引き立てます。
おもてなしにもぴったりな、見た目も華やかなケーキです。

材料 15cm 丸型×2個

A | 薄力粉*……200g
　| ベーキングパウダー……小さじ1+1/2
　| 重曹……小さじ1/4（1.5g）

植物油**……100g

B | 粉末甜菜糖……140g
　| 豆乳、オーツミルクなど植物性ミルク……120g
　| レモン果汁……60g
　| レモンゼスト……小さじ2

プレーンホイップクリーム（P.100）……全量

[仕上げ]

ブルーベリーなどお好みの果物……適量

お好みのハーブ（タイム、ミントなど）……適量

レモンの皮……適量

*日本国外にお住まいで、日本の薄力粉が手に入らない場合の代用品：
All purpose flour 170g + コーンスターチ 30g。
本書ではタンパク質含有量が 10% の All purpose flour を使用しています。

**ココナッツオイル、オリーブオイルは冷やすとスポンジがかたくなるのでおすすめしません。

レモンレイヤーケーキ

1 レモンの表面の黄色い部分を、ゼスターグレーターかおろし金で削る。**B**をすべてボウルに入れ、よく混ぜる。

2 ふるった**A**を別のボウルに入れる。

3 **2**に油を加え、粉っぽくなくなるまでスパチュラで混ぜ合わせる。

4 **1**を加え、全体がなじむまで混ぜ合わせる。最初はなじみにくいが、泡立て器で円を描くように混ぜ続けると、次第にもったりとした生地になる。

5 最後に、スパチュラを使い、切るように空気を入れながら、さっくりと混ぜ合わせる。

6 生地を二等分して、オーブンシートを敷いておいた二つの型に流し入れる。

7 180℃に予熱しておいたオーブンで約30分、真ん中に竹串を刺して生地がつかなくなるまで焼く。粗熱がとれたら、シートごと型から取り出し、網の上で完全に冷ます。

8 一枚のスポンジ生地の上面にP.100のプレーンホイップクリームを塗る。もう一枚のスポンジを重ね、上面と側面にクリームを塗る。お好みで果物などを飾り、冷蔵庫で1時間ほど冷やす。

Point
- 一つの型で焼くと膨らみが悪くなるため、必ず二つの型に分けて焼いてください。そのほうが仕上がりが良くなります。
- 初日はふんわりとした食感、翌日にはしっとりとクリームがなじんで、また違った美味しさが楽しめます。
- ハーブやエディブルフラワーは萎れやすいため、食べる直前に飾るとよりきれいに仕上がります。

Chocolate Layer Cake
チョコレートレイヤーケーキ

アーモンドパウダー、米粉、オーツ粉をベースにした生地で、ふんわりしながらも
しっとりした食感が特徴です。一晩生地を寝かせることで、素材の風味がしっかりとなじみ、
より奥行きのある味わいをお楽しみいただけます。

材料　15cm 丸型×2個

ミル or すり鉢で粉砕したチアシード……小さじ4（6g）

A ┃ 製菓用米粉＊……45g
　 ┃ オーツ粉＊＊……45g
　 ┃ アーモンドパウダー……50g
　 ┃ 片栗粉……40g
　 ┃ 無糖ココアパウダー
　 ┃ （かたまりがある場合はふるいにかける）……20g
　 ┃ 塩……大きなひとつまみ

植物油＊＊＊……70g
豆乳、オーツミルクなど植物性ミルク……130g
粉末甜菜糖……120g
ベーキングパウダー……小さじ 1 + 1/2
重曹……小さじ 1/4（1.5g）
酢（米酢、ホワイトビネガーなど）……小さじ 2
チョコレートホイップクリーム（P.100）……全量

［仕上げ］
ベリー類などお好みの果物……適量
エディブルフラワー……適量

＊日本国外にお住まいで、日本の製菓用米粉が手に入らない場合の代用品：Bob's Red Mill, Gluten Free 1 to 1 Baking Flour
＊＊自家製オーツ粉を作る場合はロールドオーツをミルなどで細かく粉砕し、ふるいにかける。
＊＊＊ココナッツオイル、オリーブオイルは冷やすとスポンジがかたくなるのでおすすめしません。

1 チアシードと水 60g（分量外）を小さな器に入れてよく混ぜ、ふやかしておく **a**。

2 ボウルに **A** をすべて入れ、しっかり混ぜる **b**。

3 別のボウルに油を入れ、植物性ミルクを 3〜4回に分けて加える。加えるたびによく混ぜ、完全に乳化させる **c**。

4 **3** のボウルに **1** を加え、ダマがなくなるまでよく混ぜる。さらに甜菜糖を加えてよく混ぜ合わせたら、**2** のボウルに加え、しっかりと混ぜる **d**。ラップをして冷蔵庫で一晩（8時間以上）寝かせる。

5 型にオーブンシートを敷く。焼く直前にベーキングパウダーと重曹を加え、よく混ぜる。最後に酢を加えて手早くしっかりと混ぜ合わせる。

6 すぐに二つの型に生地を流し込み、少し高いところから型を落として空気を抜き、表面を平らにする **e**。

7 180℃ に予熱しておいたオーブンで 30〜35 分、竹串を刺して生地がつかなくなるまで焼く **f**。粗熱がとれたら、シートごと型から取り出し、網の上で完全に冷ます。

8 一枚のスポンジ生地の上面に P.100 のチョコレートホイップクリームを塗る。もう一枚のスポンジを重ね、上面と側面にクリームを塗る **g**。お好みで果物などを飾り、冷蔵庫で 1 時間ほど冷やす。

Point

- ホワイトチアシードでもブラックチアシードでも同様にお使いいただけます。
- 一つの型で焼くと膨らみが悪くなるため、必ず二つの型に分けて焼いてください。そのほうが仕上がりが良くなります。
- ハーブやエディブルフラワーは萎れやすいため、食べる直前に飾るとよりきれいに仕上がります。

Lemon Madeleines
レモンマドレーヌ

たっぷりのレモンが香る、爽やかな一品です。
植物油を使っているため、軽くてふんわりとした食感が特徴。
コーヒーにも紅茶にもぴったりで、ティータイムを彩るスイーツとしておすすめです。

材料　12個分のマドレーヌ貝型

A
- 中力粉*……120g（もしくは薄力粉60g+強力粉60g）
- ベーキングパウダー……小さじ1
- 重曹……小さじ1/8（0.7g）

B
- 豆乳**……90g
- 粉末甜菜糖……75g
- レモン果汁……30g
- レモンゼスト……小さじ1
- バニラエクストラクト……小さじ1/2

植物油……40g

* 日本国外にお住まいで、日本の中力粉が手に入らない場合の代用品：All purpose flour 120g
本書ではタンパク質含有量が10%の中力粉を使用しています。

** 豆乳のタンパク質がレモンの酸と反応して凝固する性質を利用しているため、他の植物性ミルクを使用すると食感や焼き上がりが異なります。

1. マドレーヌ型にやわらかくした植物性バター（分量外）を塗り、粉（分量外）をはたいて冷蔵庫か冷凍庫で冷やしておく。

2. レモンの表面の黄色い部分を、ゼスターグレーターかおろし金で削る。**B**をすべてボウルに入れ、よく混ぜる。

3. 別のボウルにふるった**A**を入れる **a**。

4. **3**に油を加え、スパチュラで混ぜて粉に油をなじませる **b**。粉っぽさがなくなるまで指先ですり合わせる **c**。

5. **4**のボウルに**2**を加え混ぜる。最初はなじみにくいが、泡立て器で円を描くように混ぜ続けると、次第にもったりとした生地になる **d** **e**。

6. 生地を絞り袋に入れ、マドレーヌ型に流し込む（口金はつけない）**f**。少し高いところから型を落として表面を平らにする。175℃に予熱しておいたオーブンで約13分、真ん中に竹串を刺して生地がつかなくなるまで焼く。

7. オーブンから型を取り出し、型の中で5分冷ました後にひっくり返して型のまま冷ます **g**。

Carrot Cake
キャロットケーキ
with レモンカシュークリーム

シナモンと甜菜糖の優しい甘さが引き立つ、しっとりとしたキャロットケーキです。
素材の風味を生かしたナチュラルな甘さで、そのままでも十分美味しく召し上がれます。
また、爽やかなレモンカシュークリームをトッピングすれば、より深い味わいが楽しめます。

材料　16×7(底部)×高さ6cmパウンド型

ミル or すり鉢で粉砕したチアシード……小さじ2 (3.5g)

豆乳、オーツミルクなど植物性ミルク……85g

人参……100g

A　中力粉*……140g（もしくは薄力粉70g+強力粉70g）
　　ベーキングパウダー……小さじ1
　　重曹……小さじ1/4 (1.5g)
　　シナモン……小さじ1
　　塩……ひとつまみ

植物油……80g

粉末甜菜糖 or ココナッツシュガー……100g

酢（米酢、ホワイトビネガーなど）……小さじ1

[仕上げ]

レモンカシュークリーム (P.104)……適量

かぼちゃの種……適量

ドライローズペタル……適量

胡桃……適量

*日本国外にお住まいで、日本の中力粉が手に入らない場合の代用品：All purpose flour 140g。本書ではタンパク質含有量が10％の中力粉を使用しています。

キャロットケーキ with レモンカシュークリーム

1 ボウルに粉砕したチアシードと植物性ミルクを入れ、よく混ぜる。

2 人参をスライサーで千切りにする。スライサーがない場合はなるべく細く千切りにする。

3 別のボウルにふるったAを入れ、油を加えたら完全に粉と混ざるまでスパチュラで混ぜる。

4 1に粉末甜菜糖を加え、よく混ぜたら3のボウルに加え、さらによく混ぜる。

5 最初はなじみにくいが、スパチュラで円を描くように混ぜる続けると、次第にもったりとしてくる。その後は切るように混ぜて空気を含ませる。

6 2と酢を加え、手早くしっかり混ぜ合わせる。

7 オーブンシートを敷いた型に流し入れ、180℃に予熱しておいたオーブンで55〜60分焼く。

8 表面にしっかりと焼き色がつき、竹串を刺して生地がつかなくなったら、そのまま網の上で冷ます。粗熱がとれたらシートごと型から取り出して網の上で完全に冷ます。

9 レモンカシュークリーム（P.104）を塗り、ラップをして冷蔵庫で1時間以上冷やす。お好みで、サーブする直前にかぼちゃの種、ドライローズペタル、胡桃などを飾る。

Point

- ホワイトチアシードでもブラックチアシードでも同様にお使いいただけます。
- レモンカシュークリームの代わりにプレーンホイップクリーム（P.100）を添えても美味しい。

Strawberry Sheet Cake
ストロベリーシートケーキ

アーモンドの香ばしい風味と、甘酸っぱいイチゴのハーモニーが楽しめる
ストロベリーシートケーキ。ふんわりとした軽い食感で、口の中で優しく広がります。
表面にはスライスしたイチゴとアーモンドをちりばめ、見た目も華やかです。

材料　20.5×16×高さ3cmバット

イチゴ……90~100g

A ｜ 中力粉*
　　……120g（もしくは薄力粉60g+強力粉60g）
　　コーンスターチ……10g
　　アーモンドパウダー……25g
　　ベーキングパウダー……小さじ1
　　重曹……小さじ1/4（1.5g）

B ｜ お好みの植物性ヨーグルト……35g
　　粉末甜菜糖……100g
　　豆乳、オーツミルクなど植物性ミルク……80g
　　バニラエクストラクト……小さじ1

植物油……50g
スライスアーモンド……20g

*日本国外にお住まいで、日本の中力粉が手に入らない場合の代用品：All purpose flour 120g。本書ではタンパク質含有量が10%の中力粉を使用しています。

1 イチゴ50gは刻み、甜菜糖小さじ2（分量外）と混ぜておく **a**。残りのイチゴは縦に4等分くらいにスライスする **b**。

2 ボウルにBを入れ、混ぜる。

3 別のボウルにAをふるい入れ、よく混ぜたら **c**、油を加え、スパチュラで混ぜて粉に油をなじませる **d**。粉っぽさがなくなるまで指先ですり合わせる（すり潰しておくと、次の工程で液体材料となじみやすくなる）**e**。

4 3のボウルに2を加え、泡立て器で滑らかになるまで混ぜる。最初はなじみにくいが、泡立て器で円を描くように混ぜ続けると、次第にもったりとした生地になる **f**。

5 1の刻んだイチゴを加え、スパチュラに持ち替えて混ぜ合わせる **g**。

6 オーブンシートを敷いておいたバットに生地を流し入れ、平らにならす。表面に1のスライスしたイチゴを埋め込み、アーモンドを散らす **h**。

7 180℃に予熱しておいたオーブンで35～40分、表面にしっかりと焼き色がつき、竹串を刺して生地がつかなくなるまで焼く。粗熱がとれたらバットから取り出して網の上で完全に冷ます **i**。

Point
● ケーキは焼いた日がいちばん美味しいです。残った分は冷蔵庫で保存しましょう。

Mini Earl Grey Banana Kouglof Cakes

アールグレイ
バナナクグロフケーキ

米粉とアーモンドパウダーをベースに、バナナとアールグレイ茶の香りをたっぷりと取り入れた
しっとりとしたケーキです。一晩寝かせることで生地がふわふわになり、風味がより深まります。

材料 6個分のミニクグロフ型

ミル or すり鉢で粉砕したチアシード……5g
バナナ……60g
A　製菓用米粉＊……95g
　　アーモンドパウダー……50g
　　片栗粉……35g
　　アールグレイティーバッグ
　　（茶葉をティーバッグから取り出しておく）……1個
　　塩……ひとつまみ

植物油……50g
豆乳、オーツミルクなど植物性ミルク……60g
粉末甜菜糖……90g
ベーキングパウダー……小さじ1+1/2
重曹……小さじ1/2
酢（米酢、ホワイトビネガーなど）……小さじ1

＊日本国外にお住まいで、日本の製菓用米粉が手に入らない場合の代用品：
Bob's Red Mill, Gluten Free 1 to 1 Baking Flour

1 チアシードと水40g（分量外）を小さな器に入れ、混ぜておく。バナナはフォークなどで潰しておく。

2 ボウルにAをすべて入れて、泡立て器でよく混ぜる。

3 別のボウルに油を入れ、植物性ミルクを3回に分けて加える。加えるたびに泡立て器で混ぜ、乳化させる。さらに1のチアシードを加え、ダマがなくなるまでよく混ぜる。

4 3に甜菜糖と1の潰したバナナを加えてよく混ぜ合わせる。

アールグレイバナナクグロフケーキ

5 **2**のボウルに**4**を加え、よく混ぜる。ラップをして冷蔵庫で一晩（8時間以上）寝かす。

6 焼く直前にベーキングパウダー、重曹を入れてよく混ぜ、最後に酢を加えて手早くしっかり混ぜ合わせる。型を天板の上に置き、生地を絞り袋に入れて型に流し込む（口金はつけない）。

7 少し高いところから天板ごと型を落として空気を抜く。

8 天板に乗せたまま、180℃に予熱しておいたオーブンで20〜25分、竹串を刺して生地がつかなくなるまで焼く。

9 型に入れたまま5分間、網の上で粗熱をとる。その後、型からそっと外し、網の上で完全に冷ます。

Point

- ホワイトチアシードでもブラックチアシードでも同様にお使いいただけます。
- 焼いた当日はふわふわの食感を楽しめ、翌日にはしっとりとなじみます。
- 茶葉を使用する場合は、粉砕したものを約2.5gご使用ください。

Part 3
Chilled delicacies
冷たいスイーツ

キャラメルココナッツ アイスバー

Caramel Coconut Ice Cream Bars

ココナッツの豊かな風味とクリーミーな食感が魅力のキャラメルアイス。
そのままでも濃厚で美味しいですが、チョコレートでコーティングすると、
より深みのある味わいを楽しめます。

材料 8本分

[アイスバー]

ココナッツクリーム or ココナッツミルク
　（冷蔵し、クリーム部分を分離させて使う）……1缶
ココナッツミルク（常温でそのまま使う）……1缶
ココナッツキャラメル（P.98）……全量
塩（オプション）……大きなひとつまみ

[チョコレートコーティング（オプション）]

チョコレート（P.108）……半量
刻んだナッツ……適量

1　ココナッツクリーム缶を48時間以上冷蔵庫で冷やす（ドアポケットは温度が高いので避ける）。

2　P.98のココナッツキャラメルを作る。前もって作った場合は常温に戻しておく。

3　冷蔵庫で冷やして分離させたココナッツクリームのクリーム部分を取り出し、ココナッツミルク、ココナッツキャラメル、塩と一緒にブレンダーに入れて滑らかになるまで混ぜる。味をみて、お好みでココナッツキャラメルを足す。

4　シリコンアイス型に流し入れ、3時間以上または完全に固まるまで冷凍 a b 。

5　アイスを取り出す際は、型を20〜30秒ぬるま湯に浸し、下から押して動くようになったら、ゆっくり押し出す。

6　チョコレートコーティングの準備：バットにオーブンシートを敷く。型から出したアイスをシートの上に置いたら、チョコレートを準備している間、冷凍庫に戻す。

7　P.108の手順でチョコレートを作り、グラスなどに入れアイスを半分まで浸す c 。

8　お好みで刻んだナッツを散らし、オーブンシートを敷いたバットの上に置く。固まるまで再び冷凍庫に入れる。アイスが溶けやすいので、半分ずつ冷凍庫から出して作業を行う。冷凍庫で保管し、食べる前に室温で3〜5分ほど解凍する。

Point

● 小さなシリコン型に入れて一口サイズにしても良い。

● 残ったチョコレートは小さなシリコン型に流し入れ、冷凍庫で冷やし固めると美味しく楽しめます。その前にチョコレートが冷えて固まってしまった場合は、再度湯煎にかけ、泡立て器で滑らかになるまで混ぜてから型に流し込んでください。

ダブルチョコレート バナナアイスバー

Double Chocolate Banana Ice Cream Bars

ココナッツミルクとバナナをベースに、ピーナッツバターと
チョコレートの風味を加えた贅沢なアイスバー。
さらにダークチョコレートでコーティングし、濃厚なチョコの味わいが楽しめます。

材料 8本分

[アイスバー]

ココナッツクリーム or ココナッツミルク（常温）
　……250g
ピーナッツバター（濃厚さは控えめになりますが、
　ナッツフリーにしたい場合はピーナッツバターの
　代わりにバナナを使用）……40g
バナナ……250g
ダークチョコレート（湯煎または電子レンジで溶かす）
　……100g
メープルシロップ or お好みの液体甘味料
　（バナナとチョコレートの甘さによるので味をみながら
　調整する）……大さじ5〜6
塩（有塩ピーナッツバターを使用する場合は除く）
　……大きなひとつまみ

[チョコレートコーティング]

チョコレート（P.108）……全量
刻んだローストピーナッツ（オプション）……大さじ4

1. シリコン型をバットの上に置く。
2. アイスバーの材料をすべてブレンダーに入れ、滑らかになるまで撹拌する。味をみて、必要なら甘味料を足す **a**。
3. スティックを挿入した型に **2** を注ぎ、スティックを水平にセットする **b**。3時間以上または完全に固まるまで冷凍する。
4. チョコレートコーティングの準備をする。バットにオーブンシートを敷き、型からアイスを取り出してシートの上に置く。チョコレートを準備している間は冷凍庫に戻しておく。溶けやすいので4本ずつ冷凍庫から取り出して作業する **c**。
5. P.108の手順でチョコレートを作り、刻んだピーナッツを加える **d**。
6. スプーンでアイスバーに **5** をかけてコーティングする **e**。固まるまで再び冷凍庫に入れる。冷凍庫で保管し、食べる前に室温で3〜5分ほど解凍する。

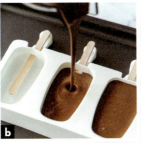

Point

- 小さなシリコン型に入れて一口サイズにしても良い **f**。
- 残ったチョコレートは小さなシリコン型に流し入れ、冷凍庫で冷やし固めると美味しく楽しめます。その前にチョコレートが冷えて固まってしまった場合は、再度湯煎にかけ、泡立て器で滑らかになるまで混ぜてから型に流し込んでください。

No-Bake スイートポテト チョコレートファッジ

サツマイモの優しい甘さと濃厚なチョコレートが調和し、クリーミーな口どけが楽しめるファッジです。火を使わず、混ぜて冷やすだけで簡単に作れるので、手軽に楽しめます。冷凍庫に常備して、好きなときに味わいたくなる美味しさです。

材料 18×18×高さ4cm スクエア型（底取れタイプ）

[ベース＊＊＊]

A
- ロールドオーツ＊……60g
- 煎り白ごま＊……30g
- ココナッツファイン＊……30g
- ひまわりの種＊……50g
- ココナッツシュガーor粉末甜菜糖……45g
- Rawカカオパウダーor無糖ココアパウダー……大さじ1

溶かしたココナッツオイル＊＊……40g

[チョコレートフィリング]

調理済みサツマイモ（やわらかくなるまで蒸す、オーブンで焼く、または電子レンジで加熱し皮を除く）……200g
ココナッツクリーム or ココナッツミルク（かたい場合は缶ごと温めて溶かす）……240g
溶かしたココナッツオイル＊＊……70g
Rawカカオパウダーor無糖ココアパウダー……40g
メープルシロップorお好みの液体甘味料（サツマイモの甘さによるので味をみて調整する）……大さじ6〜7
塩……大きなひとつまみ

＊お好みの種やナッツに代えても。
＊＊ココナッツオイルは、溶かしたカカオバターで代用できます。
＊＊＊ベースは、お好みのクッキー120gを砕き、溶かしたココナッツオイル or 溶かしたカカオバター 35gを混ぜたものでも代用できます。

1. フードプロセッサーにAを入れて粉状になるまで撹拌する。溶かしたココナッツオイルを加えて湿った砂のようになるまでさらに撹拌する。パラパラでまとまらない場合は、ココナッツオイルを小さじ1ずつ足す a 。

2. 型の底に押しつけながら敷き詰める b 。

3. ブレンダーにチョコレートフィリングの材料を入れて滑らかになるまで撹拌する。味をみて必要なら甘味料とカカオパウダーを足す。ベースの上に流し込み、冷凍庫で4時間以上 または完全に固まるまで冷やす c 。

4. 冷凍庫から取り出し、5〜10分常温で放置。底をゆっくり押し上げて型から外す。ナイフが入るやわらかさになったら温めたナイフでカットする。お好みで溶かしたチョコレートやごま（ともに分量外）などを飾る。

a

b

c

Point

● 冷凍〜半解凍で食べるのがおすすめ。小さくカットして冷凍保存すると、食べたいときに取り出して、そのままでも、数分おいて半解凍でも美味しく楽しめます。

● 共底タイプの型を使用する場合は、オーブンシートやラップを敷いてください。

Lamington Bliss Balls
ラミントンブリスボール

オーストラリアのお菓子ラミントンを、ヘルシーなブリスボールにアレンジしました。
焼かずに簡単に作れるうえ、冷凍保存も可能なので作り置きにも便利です。
リッチな味わいを軽やかに楽しめるスイーツです。

材料 7個分

- **A** 生カシューナッツ or ローストカシューナッツ*
  （1/3をマカダミアナッツにするとさらに美味しい）
  ……90g
  ココナッツファイン……15g
  塩……ひとつまみ
- 溶かしたココナッツオイル**……大さじ1
- メープルシロップor液体甘味料（常温）
  ……大さじ3〜4
- 冷凍ラズベリー……7個

［コーティング］

- ダークチョコレート……50g
- ココナッツオイル……大さじ1
- ココナッツファイン……1/2カップ（40〜50g）

*ローストカシューナッツを使う場合は塩のついていないものが望ましい。
**ココナッツオイル以外の植物油では代できません。

1. **A**をフードプロセッサーに入れ、細かくなるまで混ぜる（粒が大きすぎるとまとまりにくいが、極端に細かくする必要はない）**a**。
2. ココナッツオイルとメープルシロップを加え、生地がまとまるまで混ぜる。味をみて、甘さが足りなければ甘味料を加える**b**。
3. 大さじ1（約20g）の生地を手のひらに置き、中央に冷凍ラズベリーを配置し、包み込むように丸める**c**。全部丸めたら冷蔵庫に入れる。
4. 小鍋にお湯を沸かして火を止める。鍋よりひと回り大きなボウルに砕いたチョコレートとココナッツオイルを入れ、鍋の上に置いてチョコレートが溶けるまでそのまま置いておく。
5. 小さなボウルにココナッツファインを入れる。
6. チョコレートが溶けたら**3**のブリスボールを浸し、ココナッツをまぶす。
7. 冷蔵庫または冷凍庫で保存する。冷凍庫で保存する場合は、食べる前に常温で数分間自然解凍する。

Point
- 冷凍ラズベリーを使うと、包むときに崩れにくくなります。

Strawberry Cheesecake Squares

ストロベリーチーズケーキ スクエア

カカオ風味のザクザクとしたクラストの上に、クリーミーで程よい酸味の
ストロベリーフィリングを重ねました。トップにはスライスしたイチゴとブルーベリーを飾り、
見た目も華やかに仕上げています。

材料　18×18×高さ4cm スクエア型（底取れタイプ）

[クラスト ***]

A　ロールドオーツ *……100g
　　生アーモンド *……100g
　　ココナッツシュガーor 粉末甜菜糖……70g
　　ココアパウダー（プレーンにしたい場合は除く）……10g
　　塩……大きなひとつまみ

無臭 (精製) ココナッツオイル**（かたい場合は溶かす）……70g

[ストロベリーフィリング]

レモンゼスト……小さじ1/2
レモン果汁……大さじ3〜4
生カシューナッツ
　（3〜5時間浸水し、軽く水洗いして水気を切る）……200g
イチゴ……100g
ココナッツクリーム or ココナッツミルク
　（かたい場合は缶ごと温めて溶かす）……150g
溶かした無臭 (精製) ココナッツオイル**……60g
メープルシロップ or お好みの液体甘味料……大さじ6〜7
バニラエクストラクト……小さじ1/2
ピタヤパウダー（色づけのため、オプション）……小さじ1〜2

[仕上げ]

イチゴ……8〜10個
ブルーベリー……20個

*オーツ粉、アーモンドパウダーを使用するとクラストがもろくなり、
食感も悪くなるので代用できません。
**ココナッツオイルは、溶かしたカカオバターで代用できます。
***クラストは、お好みのクッキー120gを砕き、溶かしたココナッツ
オイル or 溶かしたカカオバター 35gを混ぜたものでも代用できます。

1　Aをすべてフードプロセッサーに入れ、粉状になるまでよく撹拌する（極端に細かくする必要はない）**a**。

2　溶かしたココナッツオイルを加え、湿った砂のようになるまで混ぜる。パラパラしてまとまりにくい場合は、ココナッツオイルを小さじ1ずつ足す。

3　型の底に押しつけながら敷き詰める**b**。170℃に予熱しておいたオーブンで25分焼き、型のまま冷ます（焼きたてはやわらかいが、冷やすと生地はかたくなる）。すぐにフィリングを入れない場合は冷凍保存する。

4　レモンの表面の黄色い部分を、ゼスターグレーターかおろし金で削る。ストロベリーフィリングの材料をすべて高速ブレンダーに入れ、滑らかになるまでよく混ぜる。味をみて、甘みと酸味の調整をする。クラストの上に流し込み、半分に切ったイチゴとブルーベリーを上に乗せて**c**、冷凍庫で4時間以上または完全に固まるまで冷やす。

5　冷凍庫から取り出し、5〜10分常温で放置。底をゆっくり押し上げて型から外す。ナイフが入るやわらかさになったら温めたナイフでカットする。

Point

● ピタヤパウダーの代わりにレッドビーツ薄切り一枚（生 or 調理済み）を加えても綺麗なピンクになります。

● 冷凍〜半解凍で食べるのがおすすめ。小さくカットして冷凍保存すると、食べたいときに取り出して、そのままでも、数分おいて半解凍でも美味しく楽しめます。

● 共底タイプの型を使用する場合は、オーブンシートを敷いてください。

Pudding

プリン

優しい甘さのプリンです。カボチャを加えることで、卵の風味と黄色い色を再現し、
本物のプリンのようなコクと見た目に。カシューナッツやココナッツクリームが
生地を滑らかで濃厚にし、最小限の寒天パウダーでフルフルとした食感に仕上げています。

材料　120mlガラス瓶×5個

［カラメルソース］

ココナッツシュガー*……30g

［プリン液］

ココナッツミルク or
　ココナッツクリーム（冷蔵庫で48時間以上冷やす。ドアポケットは温度が高いので避ける）……1缶
調理済みカボチャ
　（やわらかくなるまで蒸す、オーブンで焼く、または電子レンジで加熱し皮を除く）……100g
豆乳 or お好みの植物性ミルク……350g
生カシューナッツ**（熱湯に30分浸してやわらかくする）……40g
メープルシロップ……大さじ5
寒天パウダー***……小さじ1/3（1g）

［オプション］

プレーンホイップクリーム（P.100）……適量

*粉末甜菜糖、粉末黒砂糖でも代用できます。
**ローストカシューナッツでも代用できます。ただし、生カシューナッツよりかたいため、長めに浸水してください。
***日本の寒天パウダーが手に入らない場合、100%アガー（agar）のパウダーをお使いください。

1 カラメルソースを作る。小さな鍋にココナッツシュガー30g、水大さじ1（分量外）を入れて混ぜた後、強火で熱する。周りに小さな泡が出てきてから60秒ほど全体が煮えて泡状になるまで熱する。

2 火を止めて水大さじ1（分量外）を加え、鍋をゆすって滑らかになるまで混ぜる（カラメルが飛び跳ねるので注意する）。

プリン

3 容器にカラメルソースを均等に入れる。プリン液を作る間、冷凍庫で冷やしておく。

4 冷やしておいたココナッツミルク缶を開け、分離したクリーム部分60gをブレンダーに入れる。寒天パウダー以外のすべての材料も加え、滑らかになるまで撹拌する。

5 4を鍋に移し、寒天パウダーを加えて火にかける。焦げないようにかき混ぜながら、2分ほど沸騰させて寒天を煮溶かす。最後に味をみて、必要であれば甘さを調整する。

6 漉し器でプリン液を漉す（濃度があるため、茶漉しでは詰まります）。

7 カラメルを入れておいた器に6のプリン液を注ぎ、冷蔵庫でよく冷やす。

Point
- 翌日以降のほうが味がなじみます。プレーンホイップクリーム（P.100）を添えると、さらに濃厚で美味しくなります。

Part 4

Treats for a light meal

軽食にもなるスイーツ

Chickpea Flour Crêpes

ひよこ豆粉クレープ

ひよこ豆粉とタピオカ粉で作る、もっちりとした食感が魅力のクレープ。
そのままでも、クリームやチョコレートを挟んでも美味しく、アレンジの幅が広がります。

材料　直径約15cmクレープ6~7枚

ひよこ豆粉（ベサン粉）……60g
タピオカ粉（片栗粉、コーンスターチではもちもちの食感にならないので代用できません）……30g
豆乳、オーツミルクなど植物性ミルク……160g
粉末甜菜糖……大さじ2
植物油……大さじ2
塩……ひとつまみ

［ココア味にする場合］
ココアパウダー……大さじ1

1. ボウルにすべての材料を入れてよく混ぜる **a**。ココア味にする場合はココアパウダーも加える。
2. 中火にかけたノンスティックフライパンに生地約大さじ3（45ml）を流し入れ、フライパンを回して直径15cmほどに広げる **b** **c**。
3. 表面が乾いたら裏返し、2~3秒さっと焼いて取り出す **d**。

Point

● 生地はトンボを使わず、そのまま広げるだけで十分です。
● お好みでシロップやクリーム、果物などを添えてお召し上がりください。P.100のチョコレートホイップクリームとの相性も抜群です。
● 時間が経ったり冷蔵すると食感が悪くなるため、焼きたてを早めにお召し上がりください。

Baked Apples with Oat Cookie Crumble

焼きリンゴ オーツクッキークランブル添え

甘酸っぱいリンゴにサクサクのクランブルと
バニラアイスクリームが絶妙にマッチ。味と食感のバランスが完璧です！

材料 作りやすい分量

[オーツクッキークランブル]

A
- メープルシロップ……40g
- お好みの植物性オイル……30g

B
- ロールドオーツ……100g
- 米粉 or 玄米粉……20g
- 刻んだアーモンドまたはお好みのナッツや種……40g
- ココナッツファイン or 細かめのココナッツシュレッド……20g
- 塩……ひとつまみ

[焼きリンゴ]

リンゴ（紅玉、ふじなど）……3個（芯を除いて400〜450g）

C
- メープルシロップ（常温）……大さじ2
- 溶かした無臭（精製）ココナッツオイル……大さじ1
- レモン果汁（常温）……大さじ2
- バニラエクストラクト……小さじ1
- シナモンパウダー……小さじ1/2

[仕上げ]

バニラアイスクリーム……適量
ミント……適量

1. オーツクッキークランブルを作る。ボウルに**A**を入れてよく混ぜたら、**B**を加えてさらに混ぜ合わせる **a**。

2. オーブンシートを敷いた天板に**1**を広げ、スパチュラで平らにする **b**。

3. 150℃に予熱しておいたオーブンで約40分、焼き色がつくまで焼き、天板ごと取り出してそのまま完全に冷ます **c**。

4. 焼きリンゴを作る。リンゴの芯を取り除き3cm角くらいに切る **d**。

5. ボウルに**C**を入れてよく混ぜ（ココナッツオイルが固まってしまったら、ボウルごと湯煎か電子レンジでオイルが溶けるまで温める）、**4**と和える **e**。

6. 耐熱皿に重ならないように並べ、190℃に予熱しておいたオーブンで20分焼く **f**。やけどに気をつけてオーブンから出してかき混ぜ、さらに25分または十分にやわらかくなるまで焼く。

7. リンゴの粗熱がとれたら、お好みの大きさに砕いた**3**のクッキークランブルとバニラアイスクリーム、ミントを添える。

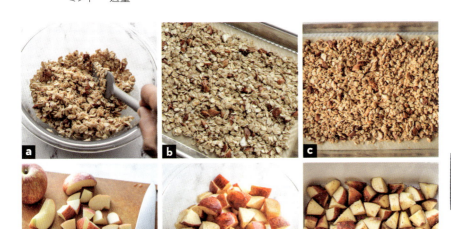

Point

● リンゴの代わりにネクタリン、桃、洋梨などでも美味しくできます。焼き時間は果物の熟成度によって調整し、十分にやわらかくなるまで焼いてください。

Chickpea Flour Waffles

ひよこ豆粉ワッフル

シンプルながら栄養豊富なワッフルです。
生地を一晩寝かせることで、軽い食感に仕上がります。
外はカリッと中はふんわりとした食感が楽しめる、朝食やブランチにもなる一品です。

材料 直径10cm丸型ワッフル6個

A
- ひよこ豆粉（ベサン粉）……100g
- 片栗粉……30g

B
- 豆乳、オーツミルクなど植物性ミルク……180g
- ピーナッツバターなどお好みのナッツバターor
  白ねりごま（タヒニ）……30g
- メープルシロップ……40g

ベーキングパウダー……小さじ1/2

1. ボウルにAを入れて混ぜる。
2. Bを加え、泡立て器でよく混ぜる。
3. ラップをして2時間以上（できれば一晩）、冷蔵庫で寝かせる。
4. ベーキングパウダーを加えてよく混ぜる。予熱して油を塗ったワッフルメーカーで焼く。お好みのシロップやクリーム、果物などを添えてお召し上がりください。

Point

● 冷凍保存が可能です。冷めたものや冷凍したものは、食べる前にトースターで温めると香ばしく美味しくなります。

No-Bake Granola

No-Bake グラノーラ

素早くエネルギーをチャージしたいときにぴったりの、焼かないグラノーラレシピです。
栄養たっぷりで自然な甘さが魅力。朝食やスナックタイムにおすすめの一品です。

材料 1.5カップ分

種を抜いたデーツ（かたければぬるま湯に5分ほど浸し
　水気を切る）……70〜80g

くるみorお好みのナッツ……50g

ロールドオーツ……50g

ひまわりの種orお好みの種……40g

ココナッツファイン……10g

溶かしたココナッツオイル＊……大さじ2

Rawカカオパウダーorココアパウダー……大さじ1

塩……大きなひとつまみ

＊ココナッツオイル以外の植物油では代用できません。

1 デーツをフードプロセッサーに入れ、パルス操作を8〜10回ほど行って粉砕する。

2 残りの材料を加えて、お好みの大きさになるまで粉砕する。

3 保存容器に入れて冷蔵庫で2時間以上冷やす（味が落ち着き、食感が良くなる）。お好みの果物、ナッツ、種、植物性ヨーグルトなどを添えてお召し上がりください。

Point

● お好みでシナモンなどスパイスを加えても美味しい。

ブルーベリードロップスコーン

Blueberry Drop Scones

思い立ったらすぐに作れる手軽さが魅力。
外は香ばしく焼き上がり、中はふんわりとした食感が楽しめます。
優しい甘さとブルーベリーの酸味が調和し、後を引く美味しさです。

材料 6個分

[スコーン]

豆乳＊……60g

酢（米酢 or ホワイトビネガーなど）……小さじ2

A　中力粉＊＊……120g（もしくは薄力粉60g+強力粉60g）
　　ベーキングパウダー……小さじ1
　　重曹……小さじ1/4（1.5g）
　　粉末甜菜糖 or ココナッツシュガー……30g
　　塩……ひとつまみ

溶かした無臭（精製）ココナッツオイル＊＊＊……50g

ブルーベリー（冷凍でも可）……50g

[レモンアイシング（オプション）]

粉糖……大さじ3
レモン果汁……小さじ1
or
粉末甜菜糖……大さじ2
レモン果汁……小さじ1

＊オーツミルクなど他の植物性ミルクでも代用できますが、豆乳が最も膨らみやすいです。
＊＊日本国外にお住まいで、日本の中力粉が手に入らない場合の代用品：All purpose flour 120g。本書ではタンパク質含有量が10%の中力粉を使用しています。
＊＊＊食感と味が変わるのでオイルの代用はできません。

1 小さな器に豆乳と酢を入れて混ぜる。

2 ボウルにAをすべて入れ、泡立て器でよく混ぜ合わせる a。

3 2のボウルに1と溶かしたココナッツオイルを加え、ざっくりスパチュラで混ぜる。最後にブルーベリーを加え、優しく混ぜる（混ぜすぎないように注意）b。

4 クッキースクープ（45ml）またはスプーンで生地をすくい、間隔をあけてオーブンシートを敷いた天板に置く c。

5 220℃に予熱しておいたオーブンで20分ほどしっかり焼き色がつくまで焼く d。

6 小さなボウルにアイシングの材料を入れ、滑らかになるまでスプーンか小さな泡立て器で混ぜる。アイシングをスコーンの表面に垂らし、乾くまで放置する。
アイシングに粉末甜菜糖を使用する場合：小さなボウルに材料を入れ、ボウルの底をお湯に浸しながら、甜菜糖が溶けて滑らかになるまで混ぜる e。

Point

● 冷凍ブルーベリーを使用する場合は、解凍せずに、混ぜる直前まで冷凍庫に入れておきます。

● フレッシュ or 冷凍クランベリーでも美味しく作れます。

Pumpkin Scones

パンプキンスコーン

カボチャの黄色い色が鮮やかな優しい甘さのスコーン。
外側は香ばしく、内側はふわふわで、いくつでも食べたくなる美味しさです。

材料 4cm角 8個

カボチャ……90g
粉末甜菜糖 or ココナッツシュガー……30〜45g
無臭（精製）ココナッツオイル*……55g
A ┃ 中力粉**……180g（もしくは薄力粉90g + 強力粉90g）
　┃ ベーキングパウダー……小さじ1+1/2
　┃ 重曹……大きなひとつまみ (0.5g)
　┃ 自然塩……ひとつまみ

豆乳***……50g
酢（米酢 or ホワイトビネガーなど）……小さじ1

* 食感と味が変わるのでオイルの代用はできません。
** 日本国外にお住まいで、日本の中力粉が手に入らない場合の代用品：All purpose flour 180g。本書ではタンパク質含有量が10%の中力粉を使用しています。
*** オーツミルクなど他の植物性ミルクでも代用できますが、豆乳が最も膨らみやすいです。

1 カボチャを2cm角に切り、ボウルに入れる。ラップをして600Wの電子レンジで3分ほど加熱する。

2 やけどに注意して熱いうちにフォークなどで潰し、甜菜糖とココナッツオイルを加える。

3 泡立て器でよく混ぜて乳化させ、粗熱がとれたら冷蔵庫に入れ、完全に冷やす（30分〜1時間くらい）。最初は分離していても、混ぜ続けると油とカボチャがなじみ、とろみが出てくる。スパチュラでカボチャを潰して滑らかにしておくと、混ざりやすくなる。

4 別のボウルにAを入れて混ぜる。冷やした**3**、豆乳と酢を混ぜたものを加え、スパチュラで粉と混ぜ合わせる。

パンプキンスコーン

5 そぼろ状になったら生地をぎゅっと手で押さえるようにしてまとめる。生地がベタつく場合は粉を少量ずつ加え、粉っぽい場合は豆乳を小さじ1ずつ足す。

6 オーブンシートを敷いた作業台に生地を乗せ、半分に切って重ねる。

7 90度回転させ、ラップをかぶせた生地をめん棒でのばす。6〜7の作業をあと3回繰り返す。

8 約1.5cm厚さに四角く(または丸く)形を整えて、5分ほど冷凍庫で冷やした後に8分割する。お好みでカボチャの種(分量外)を乗せる。

9 オーブンシートを敷いた天板に間隔をあけて置く。

10 200℃に予熱しておいたオーブンで18〜20分、焼き色がつくまで焼く。当日中に食べるのがいちばん美味しいですが、翌日に食べる場合は、アルミホイルで包み180℃のオーブンで約18分温めるとふんわりします。

Part 5
Cookies
クッキー

Black Sesame Cookies

黒ごまクッキー

黒ごまの香ばしい風味とサクサクの食感が楽しめるクッキーです。
アーモンドパウダーとココナッツオイルで軽やかに仕上げ、
メープルシロップの優しい甘さがごまの深い味わいを引き立てます。

材料 12個分

A
- アーモンドパウダー……20g
- すり黒ごま……30g
- 片栗粉……20g
- 製菓用米粉*……10g
- 塩……ひとつまみ

B
- 溶かした無臭（精製）ココナッツオイル**……20g
- メープルシロップ……35g

* 日本国外にお住まいで、日本の製菓用米粉が手に入らない場合の代用品：
Arrowhead Mills, Organic Brown Rice Flour
** 食感と味が変わるのでオイルの代用はできません。

1 天板にシルパン、またはオーブンシートを敷く。

2 ボウルに **A** を入れ、泡立て器でよく混ぜる **a**。

3 **B** を加え、スパチュラでよく混ぜる（最初はやわらかいが、混ぜていくうちに丸められるかたさになる）**b**。

4 生地を12等分して丸め、間隔をあけて天板に並べる **c**。

5 155℃に予熱しておいたオーブンで25分焼き、天板ごと出してそのまま完全に冷ます **d**。乾燥剤と一緒に密閉容器に入れ、冷蔵または常温で保存。

Point

● ココナッツオイルを使用しているため、冷蔵保存すると食感が変わり、さらに美味しくなります。また、冷蔵保存のほうが風味や食感が長持ちします。

Matcha White Sesame Cookies

抹茶白ごまクッキー

白ごまと抹茶の風味が広がり、サクサクほろりとした食感が楽しめるクッキーです。
ココナッツオイルを使用し、メープルシロップの優しい甘さで仕上げました。

材料 12個分

A
- アーモンドパウダー……25g
- すり白ごま……25g
- 片栗粉……20g
- 製菓用米粉*……10g
- 抹茶パウダー……小さじ1
- 塩……ひとつまみ

B
- 溶かした無臭（精製）ココナッツオイル**
  ……30g
- メープルシロップ……30g

*日本国外にお住まいで、日本の製菓用米粉が手に入らない場合の代用品：
Arrowhead Mills, Organic Brown Rice Flour
**食感と味が変わるのでオイルの代用はできません。

1. 天板にシルパン、またはオーブンシートを敷く。
2. ボウルにAを入れ、泡立て器でよく混ぜる a 。
3. Bを加え、スパチュラでよく混ぜる（最初はやわらかいが、混ぜていくうちに丸められるかたさになる）b 。
4. 生地を12等分して丸め、間隔をあけて天板に並べる c 。
5. 155℃に予熱しておいたオーブンで25分焼き、天板ごと出してそのまま完全に冷ます d 。乾燥剤と一緒に密閉容器に入れ、冷蔵または常温で保存。

Point

- きれいな抹茶色に仕上げるため、低めの温度で焼いています。
- ココナッツオイルを使用しているため、冷蔵保存すると食感が変わり、さらに美味しくなります。また、冷蔵保存のほうが風味や食感が長持ちします。

Part 5 Cookies

84

Thin & Crispy Oat Cookies
薄焼きオーツ入りクッキー

サクサクと軽い食感で優しい甘さのクッキーです。
シナモンの香りがほんのりと漂い、コーヒーにも紅茶にも日本茶にも合います。

材料　約7cm×10枚

A
- 薄力粉 or 中力粉＊……30g
- ロールドオーツ……25g
- アーモンドパウダー……20g
- 片栗粉……10g
- シナモンパウダー……小さじ1/2
- 粉末甜菜糖……30g
- 塩……ひとつまみ

B
- 植物油……25g
- 植物性ミルク……小さじ2（10g）

＊日本国外にお住まいで、日本の薄力粉、中力粉が手に入らない場合の代用品：All purpose flour 30g
本書ではタンパク質含有量が10％の中力粉を使用しています。

1. 天板にオーブンシートを敷く。
2. ボウルに**A**を入れ、泡立て器でよく混ぜる**a**。
3. **B**を加え、スパチュラでよく混ぜる**b**。
4. 生地を10等分し、丸めてオーブンシートに置き、ラップの上からできるだけ薄くのばして平らにする**c** **d**。
5. 170℃に予熱しておいたオーブンで13〜15分、焼き色がつくまで焼く。焼き上がったら天板ごと取り出し、完全に冷ます。乾燥剤と一緒に密閉容器に入れて常温保存する。

Aquafaba Meringue Cookies
アクアファバメレンゲクッキー

4つの材料で作られる、軽くてエアリーなメレンゲクッキー。
ひよこ豆の煮汁（アクアファバ）を使い、口の中でふわっと溶ける繊細な食感が特徴です。

材料　36×24cm 天板一枚分

ひよこ豆缶（無塩が望ましい）……1缶
グラニュー糖（量を減らしたい場合はP.94の
　　　メレンゲ実験コラムを参考にしてください）……60g
クレームタータ……ひとつまみ（0.2g）
コーンスターチ……小さじ1/2

1　天板にオーブンシートを敷く。

2　ひよこ豆の缶を開け、豆とアクアファバ（煮汁）を分ける。アクアファバ30gをボウルに入れて3〜5分ほど冷凍庫に入れて冷やす。

3　冷えたアクアファバにクレームタータを加え、ハンドミキサーの中速で泡立てる。全体が白っぽくなったら高速に切り替え、やわらかいツノが立つまで泡立てる。

4　グラニュー糖を3〜4回に分けて加えながらメレンゲに光沢が出てツノが立つまで泡立て続ける a 。

5　スパチュラに持ち替え、コーンスターチを加えてメレンゲに練り込むように混ぜ合わせる。

6　メレンゲを口金をはめた絞り袋に入れ、用意した天板に2〜2.5cmまたは好みの大きさに絞り、90℃に予熱しておいたオーブンで90分焼く b 。オーブンの電源を切り、扉を閉めたままオーブンの中で冷ます（最低4時間）。

7　完全に冷めたらオーブンから取り出し、乾燥剤と一緒に食品保存用袋か密閉容器に入れて常温保存する。乾燥剤によってさらに水分が飛ぶため、翌日以降のほうがより良い食感が楽しめる。

8　メレンゲクッキーにお好みの果物やクリーム（プレーンホイップクリーム（P.100）、カスタードクリーム（P.106）、レモンカード（P.106））を組み合わせると、イートンメスとして楽しめます c 。

Point
● 残ったアクアファバを食品保存用袋に入れて平らに冷凍しておくと、必要な分だけ折って解凍して使えるので便利です。

Mini Pavlova
ミニパブロバ

メレンゲクッキーの応用で作る、小さな一人用サイズのパブロバです。
アクアファバを煮詰めて弾力のあるメレンゲに仕上げることで、
動きのあるフォルムを生み出します。

<u>材料 約7cm ミニパブロバ5個</u>

ひよこ豆缶（無塩が望ましい）……1缶
グラニュー糖……90g
酢（米酢、ホワイトビネガーなど）……小さじ1/2
コーンスターチ……小さじ1/2

［仕上げ］

ベリー類などお好みの果物……適量
レモンカード（P.106）or お好みのクリーム……適量
お好みのハーブ（タイム、ミントなど）……適量

1. ひよこ豆の缶を開け、豆とアクアファバ（煮汁）を分ける。煮汁を鍋に入れて半分になるまで煮詰める。冷めたら冷蔵庫で冷やす。

2. オーブンシートに6センチの円を5個、間隔をあけて描く a 。描いた面を裏にして天板に置く。

3. ボウルにアクアファバ45gと酢を入れ、ハンドミキサーの中速で泡立てる。全体が白くなったら高速に切り替え、やわらかいツノが立つまで泡立てる。

4. グラニュー糖を5～6回に分けて加えながら高速でしっかりとしたツノが立つまで泡立てる b 。スパチュラに持ち替え、コーンスターチを加えてよく混ぜる。

5. 5分割したメレンゲをスプーンですくい、オーブンシートに描いた円の内側に丸くのせる。側面をスプーンで下から上に動かして流れを作る c 。

6. 100℃に予熱しておいたオーブンで2時間焼いたら電源を切り、扉を閉めたまま最低4時間から一晩そのまま置いて完全に冷ます d 。その後、オーブンから取り出し、乾燥剤と一緒に食品保存用袋か密閉容器に入れて常温保存する。乾燥剤によってさらに水分が飛ぶため、翌日以降のほうがより良い食感が楽しめる。

7. サーブする直前に、お好みの果物、ハーブとレモンカード（P.106）、またはプレーンホイップクリーム（P.100）、カスタードクリーム（P.106）を飾る。

Point
● メレンゲが甘いので酸味のあるフルーツが合います。

Peanut Butter Cookies

ピーナッツバタークッキー

サクサクとした食感が魅力のピーナッツバタークッキー。メープルシロップの優しい甘みが広がり、トップにはダークチョコレートと香ばしい砕いたピーナッツをトッピング。
ピーナッツバターを白ごまペーストに代えても、また違った美味しさが楽しめます。

材料　約5cm×12枚

- 植物油……25g
- 無糖ピーナッツバター（ナッツフリーにしたい場合は白ごまペースト/タヒニ）……40g
- メープルシロップ……40g
- 塩（有塩ピーナッツバターの場合は除く）……ひとつまみ
- 薄力粉or中力粉＊……80g

［デコレーション］
- ダークチョコレート……30〜40g
- ピーナッツ（ナッツフリーにしたい場合は白ごま）……適量

＊日本国外にお住まいで、日本の薄力粉、中力粉が手に入らない場合の代用品：All purpose flour 80g
本書ではタンパク質含有量が10%の中力粉を使用しています。

1 天板にオーブンシートを敷く。

2 ボウルに油とピーナッツバターを入れてよく混ぜる。メープルシロップと塩を加え、さらに混ぜる **a**。

3 小麦粉を加え、スパチュラで押さえるように混ぜながら、粉と液体がよくなじむまでしっかりと混ぜ合わせる **b**。

4 生地を12等分して丸め、オーブンシートの上に置き、ラップの上からコップなどで押し広げ5cmくらいの円形になるようにする **c** **d**。

5 175℃に予熱しておいたオーブンで約14〜15分、よく焼き色がつくまで焼く。オーブンから取り出し、天板の上で完全に冷ます **e**。

6 小鍋にお湯を沸かして火を止める。鍋よりひと回り大きなボウルに砕いたチョコレートを入れ、鍋の上に置いておく。チョコレートが溶けたら、クッキーの上にスプーンで乗せる **f**。お好みで刻んだピーナッツを散らす **g**。

7 チョコレートが固まるまで冷蔵庫で冷やす。乾燥剤と一緒に密閉容器に入れて冷蔵保存する。

Point

- ピーナッツバターを白ごまペースト／タヒニに代えると焦げやすくなるので、注意が必要です。
- 翌日以降のほうが味が落ち着き、食感も良くなります。
- チョコレートは少しとろみがつくまで冷ましてから塗ると、扱いやすくなります。

Linzer Cookies

リンザークッキー

アーモンドをベースにしたクッキー生地にジャムをはさんだお菓子です。
ナッツとの相性が良いラズベリーやイチゴジャムがおすすめ。
時間が経つほどにジャムが生地になじみ、しっとりとした美味しさが増します。

材料　4.5cm花型クッキーサンド6個

A | アーモンドパウダー……60g
　 | 片栗粉 or コーンスターチ……20g
　 | 製菓用米粉＊……10g
　 | 塩……ひとつまみ

B | メープルシロップ……20g
　 | 溶かした無臭（精製）ココナッツオイル＊＊
　 | 　……25g

お好みのジャム（ラズベリー、ストロベリーがおすすめ）
　……30g前後

＊日本国外にお住まいで、日本の製菓用米粉が手に入らない場合の代用品：
Arrowhead Mills, Organic Brown Rice Flour
＊＊食感と味が変わるのでオイルの代用はできません。

1　ボウルにAを入れて混ぜる。

2　Bを加え、スパチュラで押しつけるように混ぜて液体を粉に吸収させた後 a 、手で滑らかになるまで捏ね、ひとまとまりにする b 。

3　オーブンシートの上にまとめた生地を置き、その上にラップをかぶせて、生地を6mm厚さにのばす c 。

4　のばした生地を天板やまな板に乗せて冷凍庫で2〜3分冷やす。

5　4.5cmの花型または5cmの丸型で型抜きする（型を入れたときに生地にヒビが入る場合はやわらかくなるまで少し待つ）。余った生地を再びのばし、生地が無くなるまで型抜きを続ける。2回目以降の生地で上に乗せる窓あきクッキーを作り、2枚1組になるように枚数を合わせる（2回目以降の生地は膨らみやすいが、真ん中に穴をあけると膨らみにくくなる） d 。

6　シルパンかオーブンシートを敷いた天板に乗せ e 、160℃に予熱しておいたオーブンで15〜18分、うっすら焼き色がつくまで焼く。

7　ジャムバージョン：穴のあいていないクッキーの裏面にスプーンでジャムをのせ、穴のあいたクッキーを重ねる。真ん中を高くすると窓あき部分にきれいに入る f 。冷蔵庫で1時間ほど冷やすと味がなじんで美味しい。

8　チョコバージョン：チョコレート20〜30gを溶かし、ジャムバージョンと同様にクッキーにはさむ。最後に中央の穴にチョコレートを詰めると仕上がりがよりきれいになる g h 。チョコレートが固まるまで冷蔵庫で冷やす。

Point

● 窓の大きさはクッキーの横幅の1/3くらいにすると扱いやすいです。

● このクッキーは厚めにしたほうが食感と味が際立ちます（4mm以下は薄すぎ）。

● オーブンシートよりシルパンを使うほうが膨らまず、サクサクに焼けます。

● ココナッツオイルが入っているので冷やすと食感が良くなります。また、冷蔵保存のほうが風味や食感が長持ちします。

メレンゲ実験

「メレンゲにこんなに砂糖を入れなきゃいけないの？」
「クレームタータやコーンスターチは本当に必要？」そんな疑問を抱いたことはありませんか？
この実験では、メレンゲ作りで砂糖の量をどこまで減らせるか、
またクレームタータやコーンスターチが果たす役割を詳しく探りました。
これを読めば、レシピに応じた調整のコツがきっと見つかります！

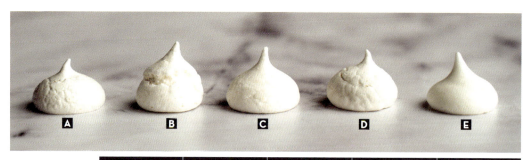

	A	B	C	D	E
コーンスターチ	無し	有	有	有	有
酢	有	有	無し	無し	無し
クレームタータ	無し	無し	有	有	有
アクアファバに対する砂糖の量	2倍	2倍	2倍	1.5倍	同量
膨らみ		◎	○		
表面	シワがよって見た目が劣る	動き（テクスチャ）が生まれる	滑らかできれい	シワがよって見た目が劣る	滑らかできれい
湿気に強い順番	4	2	1	3	5

コーンスターチ

Aと**B**はコーンスターチの有無以外は同じ条件で比較。コーンスターチ無しの**A**の方は膨らみが悪いため表面にシワができ、湿気耐性にも劣っていることがわかりました。このことから、コーンスターチを加えると、膨らみや仕上がりが向上し、湿気耐性も増すため、安定性のあるメレンゲを作る際に役立つと言えます。

酢とクレームタータ

Bと**C**は、酢とクレームタータ以外は同じ条件で比較。酢を加えた**B**は膨らみが良くなり、表面に動き（テクスチャ）が生まれます。一方、クレームタータを加えた**C**は**B**よりも膨らみは控えめですが、表面が滑らかに仕上がります。湿気耐性は**B**のほうが劣り、内部の食感は**B**は**C**よりややわらかめでした。

砂糖の量

C **D** **E**はアクアファバに対する砂糖の量で比較。**C**（砂糖2倍量）は、膨らみが良く、表面が滑らかで、湿気にもいちばん強い仕上がりになりました。**D**（砂糖1.5倍量）は、**C**ほど膨らまないため、表面にシワができて見た目が劣り、湿気に対する耐性も**C**より弱い傾向が見られました。**E**（砂糖同量）は、膨らみが最も少ないものの、表面は滑らかで美しく仕上がり、湿気耐性は最も低いことがわかりました。どの条件でも、湿気がない状態では食感がサクサクして良好でした。

結論

- 動きのある表面に仕上げると美しく、ややわらかい内部が好まれるパブロバには、砂糖2倍、酢、コーンスターチを使用します（**B**）。
- 滑らかな表面に仕上げると美しく、しっかりした食感が好まれるメレンゲクッキーには、砂糖2倍、クレームタータ、コーンスターチを使用します（**C**）。砂糖の量を減らしたい場合はアクアファバと同量にし（**E**）、焼き上がったら乾燥剤と一緒に密閉容器で保存し、容器から出した後はできるだけ早めにお召し上がりください。また密閉容器に入れた場合も砂糖2倍のメレンゲよりも湿気やすいので、できるだけ早く食べきると良いでしょう。

Part 6

Creams and
assorted goodies

クリームなど彩りの一品たち

Raspberry Chia Jam

ラズベリーチアジャム

冷凍ラズベリーとホワイトチアシードを使ったヘルシージャム。
メープルシロップで自然な甘みを引き出します。
加熱しないフレッシュタイプと、煮詰めて作る加熱タイプがあります。

フレッシュタイプの材料（作りやすい分量）と作り方

冷凍ラズベリー……80g
レモン汁……大さじ1
メープルシロップ……大さじ2
ホワイトチアシード……大さじ1.5

冷凍ラズベリーをボウルに入れて解凍し、フォークで潰す。他の材料を加えよく混ぜ、とろみがつくまで一晩冷蔵庫に入れる。

加熱タイプの材料（作りやすい分量）と作り方

冷凍ラズベリー……80g
メープルシロップ……大さじ3
ホワイトチアシード……大さじ1.5

すべての材料を小鍋に入れ、中火で加熱する。沸騰したら少し火を弱め、スプーンかフォークでラズベリーを潰しながらとろみがつくまで3分ほど煮る。完全に冷ましたらできあがり。

Point

● タルト a やケーキ、ヨーグルト、トーストなど、さまざまな用途で活用できます。加熱タイプは、焼き菓子など水分が少ないほうが適しているレシピにおすすめです。

● 手軽に手に入る冷凍ラズベリーを使用していますが、フレッシュラズベリーでも同様に作れます。

Two Types of Vegan Caramels

ヴィーガンキャラメル2種
（ココナッツ＆デーツ）

ココナッツの深いコクと優しい甘さが広がる濃厚なココナッツキャラメル。
加熱することで香ばしい風味も楽しめます。
一方、デーツキャラメルはデーツ、ココナッツミルク、ナッツバターで作る
非加熱のクリーミーなキャラメル。自然な甘みが特徴です。

ココナッツキャラメル

デーツキャラメル

ココナッツキャラメルの材料　作りやすい分量

ココナッツシュガー……100g
ココナッツクリーム or ココナッツミルク……100g
塩……大きなひとつまみ（オプション）

1 小さな鍋にココナッツシュガーと水大さじ2（分量外）を入れて中火にかける。全体が煮えて飴状になり、泡が大きくなってきたら火を止める **a**。

2 温めたココナッツクリームをゆっくり加えてよく混ぜる **b**（クリームの温度が低いとココナッツシュガーが固まります。固まった場合は、弱火で加熱しながら砂糖が溶けるまでスパチュラで混ぜる）。

3 中火で2〜3分煮詰める **c**。塩キャラメルにする場合は塩を加える。

4 冷めたら容器に入れ、冷蔵保存する。冷めるとスパチュラで鍋底に滑らかに線が描けるかたさになる **d e**。冷蔵するとさらにかたくなる。かたくて滑らかに線が描けない場合は煮詰め過ぎ。温かい植物性ミルクを大さじ1〜2加え、ひと煮立ちさせてやわらかく扱いやすいかたさにする。

Point
- トースト、パンケーキ、アイスクリーム、ミルクシェイクなど色々な料理に合います。
- 風味は変わりますが、ココナッツシュガーの代わりに粉末黒砂糖を使ってもコクのあるキャラメルが作れます。

デーツキャラメルの材料　作りやすい分量

種を抜いたマジョールデーツ……100g（5〜6個分）
ココナッツクリーム or ココナッツミルク
　（かたい場合は溶かす）……100g
ナッツバター or 白ねりごま……大さじ2
溶かしたココナッツオイル＊……小さじ2
バニラエクストラクト……小さじ1
塩……大きなひとつまみ
メープルシロップ or お好みの液体甘味料……大さじ2

＊ココナッツオイル以外の植物油では代用できません。

1 デーツが指で簡単に潰せない場合はぬるま湯に5分浸し、やわらかくする。水気を切っておく。

2 デーツを3〜4等分し、他の材料と一緒にフードプロセッサーに入れ、滑らかになるまで撹拌する **a b**（または細長い容器に材料を入れ、ハンドミキサーで滑らかになるまで撹拌）。

3 容器に入れ、冷蔵保存する。冷えるとパンなどに塗りやすいかたさになる。お好みでシナモンパウダーを加えても良い。

Point
- スイーツやトーストのトッピングに。

プレーンホイップクリーム

チョコレートホイップクリーム

Two Types of Coconut Whip Creams
ココナッツホイップクリーム 2種（プレーン＆チョコレート）

ココナッツの自然な甘さとコクが感じられるクリームです。
滑らかでバランスのとれた風味が特徴で、使い勝手の良さが魅力です。
ココアや抹茶を加えてアレンジすることで、さまざまなバリエーションが楽しめます。

 プレーンホイップクリームの材料　作りやすい分量

ココナッツクリーム or ココナッツミルク
　（冷蔵し、クリーム部分を分離させて使う）……1缶
メープルシロップ or 粉末甜菜糖……大さじ2～3
溶かしたココナッツオイル＊（クリームがゆるい場合）
　……大さじ1～2

＊ココナッツオイル以外の植物油では代用できません。

Point
● お好みでバニラエクストラクト、フレーバーオイル、リキュールなどを加えても美味しいです。

1. ココナッツクリーム缶を48時間以上冷蔵庫で冷やす（ドアポケットは温度が高いので避ける）。
2. 缶を開けて上のクリーム部分だけボウルに入れる。かたまりがある場合はスパチュラやフォークなどで潰しておく **a b**。
3. ツノが立つまで泡立てる。クリームがゆるい場合は溶かしたココナッツオイルを大さじ1ずつ加えながら泡立てる。
4. メープルシロップを入れ、再びツノが立つまで泡立てる。クリームがゆるい場合は液体甘味料ではなく、粉末甜菜糖を使うと良い **c d**。
5. 使用するまで冷蔵庫で冷やしておく。

 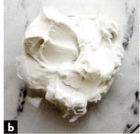  

a　　　　　　b　　　　　　c　　　　　　d

 チョコレートホイップクリームの材料　作りやすい分量

ココナッツクリーム or ココナッツミルク
　（冷蔵し、クリーム部分を分離させて使う）……1缶
メープルシロップ or 粉末甜菜糖……大さじ2～3
ココアパウダー or Rawカカオパウダー＊
　（かたまりがある場合はふるう）……大さじ3
溶かしたココナッツオイル＊＊（クリームがゆるい場合）
　……大さじ1～2

＊ココアパウダーを抹茶パウダー大さじ1～1.5に代えると抹茶ホイップクリームになります。
＊＊ココナッツオイル以外の植物油では代用できません。

1. 上記のプレーンホイップクリームと同様、ツノが立つまで泡立てる。多少クリームがゆるくても、ココアパウダーを加えるとかたくなるので、ココナッツオイルは加えず様子を見る。
2. メープルシロップとココアパウダーを加える。粉が飛ばないように最初は手動で混ぜ、粉がクリームにある程度なじんだら、ハンドミキサーの高速でツノが立つまで泡立てる。この時点でクリームがゆるい場合は、溶かしたココナッツオイルを大さじ1ずつ加えて泡立てる。
3. 使用するまで冷蔵庫で冷やしておく。

Tofu Coconut Whip Cream
豆腐ココナッツ ホイップクリーム

ココナッツクリームと絹ごし豆腐を使った滑らかな口当たりのクリームです。
マスカルポーネのような濃厚さがあり、デザートやフルーツ、
ケーキのトッピングに最適です。

材料 作りやすい分量

ココナッツクリーム or ココナッツミルク
　（冷蔵し、クリーム部分を分離させて使う）……1缶
絹ごし豆腐……250g
バニラエクストラクト……小さじ1
メープルシロップor粉末甜菜糖……大さじ3
溶かしたココナッツオイル*（クリームがゆるい場合）
　……大さじ1〜

＊ココナッツオイル以外の植物油では代用できません。

1. ココナッツクリーム缶を48時間以上冷蔵庫で冷やす（ドアポケットは温度が高いので避ける）。
2. 豆腐をキッチンペーパーで何重にも包み、皿にはさんで重しをのせ、冷蔵庫で一晩水切りをする a b 。
3. 缶を開けて上のクリーム部分だけボウルに入れる。かたまりがある場合はスパチュラやフォークなどで潰しておく。ハンドミキサーでツノが立つまで泡立てる。
4. 水切り豆腐、バニラエクストラクト、メープルシロップを加え、ツノが立つまでハンドミキサーで泡立てる c 。クリームがゆるい場合は溶かしたココナッツオイルを大さじ1ずつ加えながら泡立てる。
5. 使用するまで冷蔵庫で冷やす。

Point

- 水切りした豆腐は、分離させたココナッツクリームの約半分の重さを目安に使用すると味のバランスが良くなります。
- ココアパウダーまたはRawカカオパウダーをお好みで加えて、チョコレート味にしても美味しいです。
- 豆腐の匂いが気になる場合は、レモン汁やレモンゼストを加えると良いでしょう。

Lemon Cashew Cream

レモンカシュークリーム

カシューナッツ、レモン、ココナッツオイル、メープルシロップで作る、
クリーミーで爽やかなクリームです。ほんのり甘く、濃厚ながらも
軽やかな口当たりが楽しめ、デザートやトッピングにもぴったりです。

材料 作りやすい分量

生カシューナッツ……100g
レモンゼスト……小さじ1
溶かしたココナッツオイル*……大さじ3
メープルシロップ or お好みの液体甘味料（常温）
　　……大さじ2〜3
レモン果汁（常温）……大さじ2
バニラエクストラクト……小さじ1/2

*ココナッツオイル以外の植物油では代用できません。

1 カシューナッツを3時間ほど浸水し、軽くすすいで水気をとる。
2 レモンの表面の黄色い部分を、ゼスターグレーターかおろし金で削る。
3 すべての材料をフードプロセッサーに入れて、滑らかになるまで撹拌する a 。
4 容器に移して冷やす。

Point

● 冷やすとクリームが白くなり、塗れるかたさになります。よく冷やしてお召し上がりください。

● チョコレート風味のクリームにする場合は、レモンゼストを省き、レモン果汁の代わりにお好みの植物性ミルクを使用し、さらにお好みの量のココアパウダーまたはRawカカオパウダーを加えてください。

Lemon Curd & Custard Cream

レモンカード（カスタードクリーム）

ココナッツミルクをベースにした、爽やかなレモンカード。
油を使わないので軽やかで、滑らかな口当たりが楽しめます。
自然な黄色は少量のターメリックで彩りをプラス。
レモンを除くとカスタードクリームになります。

材料 作りやすい分量

レモンゼスト……小さじ1/2
コーンスターチ…… 大さじ1+1/2（12g）
ココナッツミルク……240g
粉末甜菜糖……40g
レモン果汁……大さじ2
バニラエクストラクト……小さじ1
ターメリック（オプション。クリームが黄色くなり、
　　味には影響しません）……ひとつまみ（0.1g）

1 レモンの表面の黄色い部分を、ゼスターグレーターかおろし金で削る。

2 コーンスターチをレシピ内のココナッツミルク少量で溶き、すべての材料を鍋に入れて、弱火でとろみがつくまで混ぜる a 。ターメリックは最初は色が出ないが、加熱するうちに黄色くなる。

3 冷めたら容器に入れて冷蔵庫で冷やす。または、あたたかいうちにタルト生地に流し込む。（例）レモンタルト（P.32）

4 使う前に泡立て器でよく混ぜて滑らかにする。

Point

● カスタードクリームを作る場合はレモン果汁とレモンゼストを除いてください。

● 豆乳など他の植物性ミルクでも代用できますが、ココナッツミルクがいちばんおすすめです。特にレモンカードは、レモンとココナッツの風味がよく合い、とても美味しく仕上がります。

Chocolate
チョコレート

材料を溶かして固めるだけの簡単チョコレート。
テンパリングはしませんが、シリコン型を使うときれいに仕上がります。

材料 作りやすい分量

ココナッツオイル*……100g
Rawカカオパウダー……30〜35g or
　無糖ココアパウダー**……25〜35g
メープルシロップ or お好みの液体甘味料
　……大さじ3〜4

*ココナッツの香りが苦手な方は無臭(精製)ココナッツオイル、ココナッツの香りがお好きな方はエクストラヴァージンココナッツオイルをお使いください。

**ココアパウダーはRawカカオパウダーよりも苦味が強いため、まずは25gから始め、お好みに応じて量を調整します。

1 シリコン型をバットやトレイの上にセットする。

2 ボウルにすべての材料を入れ、湯煎で溶かす。このとき、材料をしっかり乳化させるために、スパチュラではなく泡立て器を使う。また、ボウルに蒸気が入らないようにするため、鍋よりひと回り大きなボウルを使用し、ボウルの底がお湯に直接触れないようにする a b 。

3 チョコレートに手で触れて「お風呂の温度より少し熱い」程度になり、滑らかになったら、用意したシリコン型に流し入れ、冷凍庫で冷やし固める。お好みでナッツ、ごま、ヘンプシードなどを加えると、さらに美味しく仕上がる c 。

Point
● 水分が入ると分離するので、ボウルと泡立て器は水気がついていないように注意しましょう。
● 溶けやすいので冷凍庫か冷蔵庫で保存してください。
● お好みで塩を加えても。

植物由来のスイーツ

植物由来のスイーツに興味があるけれど、疑問も多いという方へ。
よくある質問にお答えしながら、作り方のヒントをご紹介します！

Q なかなかメレンゲのツノが立ちません。

A 煮汁が薄い可能性があります。半量まで煮詰め、一度冷やしたものを使用してみてください。

Q 小麦粉をグルテンフリー粉に、またはグルテンフリー粉を小麦粉に置き換えても良いですか？

A 各レシピには適した粉を使用しています。他の粉に置き換えると味や食感が変わる可能性がありますので、まずはレシピ通りに作り、その後はご自身の判断でアレンジをお試しください。

Q なぜ小麦粉と油を先に混ぜるのですか？

A 本書では、小麦粉を使用したお菓子作りに、逆クリーミング法をアレンジした手法を採用しています。この方法は、アメリカのベイカーで『The Cake Bible』の著者のローズ・レヴィ・ベランバウムさんが提唱したもので、バターや他の油分を粉類と砂糖に混ぜ込み、パン粉状になるまで混ぜるところから始めます。その後、液体材料を数回に分けて加え、滑らかな生地になるまで混ぜ合わせて焼きます。

この手法のメリットは、小麦粉を油でコーティングすることでグルテンの形成を抑え、ケーキがかたくなりにくく、しっとりとした食感が保たれる点です。さらに、乳化が促進されるため、味わいや食感が安定します。

本書のレシピテストの結果、植物油を使い、卵を含まない生地では砂糖を液体材料と一緒に混ぜたほうが味と食感が良いことがわかりました。そのため、本書ではまず小麦粉と膨張剤を植物油と混ぜ、次に砂糖を含む他の液体材料を加える方法を採用しています。

Q グルテンフリーケーキはなぜ生地を寝かせるの？

A グルテンフリーケーキの生地は、冷蔵庫で8時間以上寝かせると膨らみが良く、味わいも深くなります。2時間、4時間、6時間、8時間、10時間で実験した結果、8時間以上寝かせると生地が安定することがわかりました。そのため、この本では8時間以上、生地を寝かせるレシピを採用しています。

すぐに焼いたもの（左）、8時間寝かせたもの（右）

Q 記載のケーキ型を他のサイズに代えても良いですか？

A 各レシピに適したサイズのケーキ型を使用しています。例えば、材料を倍量にして大きな型で焼くと、ケーキが脆くなり崩れる可能性がありますので、記載の型を使用することをおすすめします。

Q チアシードは
なぜ粉砕するの？

A 本書では、ケーキのレシピに卵の代わりとして粉砕したチアシードを使用しています。チアシードは液体と混ざると粘りが出て、卵のように材料をつなぎ合わせる役割を果たします。粉砕せずに使用すると粒感が残り食感が悪くなるため、必ずミルやすり鉢で細かくしてからお使いください。また、チアシードを入れすぎると粘りが強くなり、ケーキの食感を損ねる原因となります。本書では試作を重ね、最適な分量をレシピにしています。

Q 砂糖をレシピより減らしても
良いですか？

A 本書のレシピは、何度もテストを重ねて味と食感がベストになる砂糖の量に設定しています。まずはレシピ通りに作っていただき、その後はご自身の判断でアレンジしてください。

Q 重曹をベーキングパウダーに
置き換えても良いですか？

A 重曹とベーキングパウダーにはそれぞれ異なる役割があります。重曹は弱アルカリ性で、酢やレモンといった酸性の材料と反応させることで二酸化炭素を発生させ、軽やかな食感を生み出す役割を果たします。特に、焼き菓子において、ふわっとした仕上がりを実現するためには欠かせない材料です。

また、焼き色をつけるためにも効果的です。レシピに重曹が記載されている場合、ベーキングパウダーに置き換えると、味や食感、焼き色が変わるため、必ずレシピの指示に従って使用してください。

Q 卵をどうやって
代用しますか？

A 本書のレシピでは、卵の代わりに粉砕したチアシード、ヨーグルト、バナナ、レモンまたは酢と重曹の組み合わせを使用しています。

Q 卵なしでもふわふわのケーキは
作れますか？

A 酢またはレモンと重曹、粉砕したチアシードなどを使うことで、ふわふわの食感を出すことができます。

Q 植物由来のスイーツは
一般的なスイーツより
健康的ですか？

A 植物由来のスイーツは、ホールフードの材料や天然甘味料を使用することで健康的になることもありますが、甘味料や油分を含んでいるため、適度に楽しむことが大切です。

Q この本の植物由来のスイーツは
一般的なスイーツと
味が違いますか？

A 味や食感に若干の違いがあるかもしれませんが、本書のレシピは多くの方に植物由来のスイーツも美味しく感じていただけるよう工夫しています。

Q 特別な材料は
どこで見つけられますか？

A 近くのスーパーにない場合でも、国内のオンラインショップでほとんど購入できます。また、iHerbでも日本から多くの材料を購入できます。

Q タルトクラストやクリームは
事前に作ることができますか？

A はい、可能です。クラストは乾燥剤と一緒に密閉容器または食品保存用袋に入れて保存し、2週間くらいで食べきりましょう。クリームは清潔な容器に入れて冷蔵庫で保存し、2〜3日以内に食べきることをおすすめします。

梅原美奈子

植物性レシピクリエーター。家族のアレルギーや、オーストラリアのヴィーガンカフェでのキッチンボランティアをきっかけにレシピ作りをスタート。インスタグラムで独自のレシピを発信し、多くの支持を集めている。現在はオンラインクラスやメディア、企業とのコラボを通じて、世界中にヘルシーで美味しい植物性レシピを届けている。アメリカの雑誌『THRIVE』の表紙を2度飾るなど、アメリカを拠点に活動中。

Instagram @365cleaneats

料理・写真・スタイリング・文
梅原美奈子

デザイン
髙見朋子(文京図案室)

校正・校閲
加藤 優

プリンティングディレクター
須藤那智(シナノ書籍印刷)

編集
石川加奈子

植物由来の スイーツレシピ

2025年3月1日 初版第1刷発行

著者
梅原美奈子

発行人
諸田泰明

発行
株式会社エムディエヌコーポレーション
〒101-0051 東京都千代田区神田神保町一丁目105番地
https://books.MdN.co.jp/

発売
株式会社インプレス
〒101-0051 東京都千代田区神田神保町一丁目105番地

印刷・製本
シナノ書籍印刷株式会社

Printed in Japan
©2025 Minako Umehara. All rights reserved.

ISBN978-4-295-20711-5
C2077

本書は、著作権法上の保護を受けています。著作権者および株式会社エムディエヌコーポレーションとの書面による事前の同意なしに、本書の一部あるいは全部を無断で複写・複製、転記・転載することは禁止されています。

定価はカバーに表示してあります。

[カスタマーセンター]
造本には万全を期しておりますが、万一、落丁・乱丁などがございましたら、送料小社負担にてお取り替えいたします。お手数ですが、カスタマーセンターまでご返送ください。

落丁・乱丁本などのご返送先
〒101-0051 東京都千代田区神田神保町一丁目105番地
株式会社エムディエヌコーポレーション カスタマーセンター
TEL:03-4334-2915

内容に関するお問い合わせ先
info@MdN.co.jp

書店・販売店のご注文受付
株式会社インプレス 受注センター
TEL:048-449-8040／FAX:048-449-8041

[購入者限定特典]
書籍未公開のレシピをダウンロードできます。